ジョン=ウェスレー

ウェスレー

・人と思想

95

CenturyBooks　清水書院

はじめに

　中学生の頃から私はプロテスタント教会に通うようになったが、それは暗い戦争の時期のことであった。政府からの圧力もあって、プロテスタントの諸教派のほとんどが一つになり、日本基督教団を形成した頃であった。東京の下町で育った私は、たまたま家のすぐ近くにあった小さな教会に行き始めたのだが、かつてその教会は、ジョン＝ウェスレーのメソジスト運動の流れを汲む教派に属する教会であった。それが日本基督教団に加入したものであった。このようにしてウェスレーと私は初めて出会ったのである。

　当時の教会はその礼拝の折に、まず宮城を遙拝《ようはい》し、君が代を歌い、それから賛美歌を歌う、というような状態にあった。礼拝に来る人はきわめて少なく、さびれにさびれていた。そして当時の教会の神学は、政治や社会の問題に目をつむって、ひたすら個人の内面に沈潜することを助けるようなものであった。レオ＝トルストイに感激して教会に通い始めた私が、そういう教会の雰囲気に違和感を覚えたのも当然であった。

　やがて私も軍隊に入らねばならない年齢になったが、戦争遂行にすべてを賭けていた当時の日本社会の中では、トルストイ的なキリスト教思想では生きて行けなくなって、それを棄てた。実にだらしなく、恥ずかしいことであった。キリスト教の福音、私たち罪人を神がキリストを通して救って下さるという喜びのメッセージを、私は教会生活の中で学んだのだが、その福音を、私はトルストイを棄て、軍隊に入っていく自分の弁明のために使った。トルストイがあれほどに賛嘆したイエスの山上の説教は、いつの間にか私の脳裡から消えた。その代わりに人間は皆罪人であって汚《けが》れているのだから、戦争をしても仕方がない、戦争の中にあっても個人的にはなるべく清く生きればよいのだ、というような、自分の内面に集中した考えが私を支配したのである。

終戦後、私は神学校に入ったが、どうしてもこれまでの自分のキリスト教信仰に満足できなかった。そんな私にウェスレーとの本格的な出会いが始まったのである。

ウェスレーの戦争嫌いは徹底していたし、彼はイエスの山上の説教の上に、キリスト者の生活を築こうとした。この点は、宗教改革者ルターやカルヴァンが山上の説教をあまり重んじなかったのと対照的である。ウェスレーの場合、山上の説教の重視はその「キリスト者の完全」の教理において結晶している。

キリスト教を政治や経済や社会のいろいろな動きとの関連の中で捉えると、信仰は人生をどうにもならない運命とみなして諦めることではなく、人間は自分の人生を信仰において主体的に創作する責任をもつこと、などを私は、長い年月に及ぶウェスレー研究によって学び得た。この書物は小さく、また、拙いものではあるが、読者の皆さんにウェスレーの素晴らしさを知って貰いたくて、一生懸命に書いたものである。

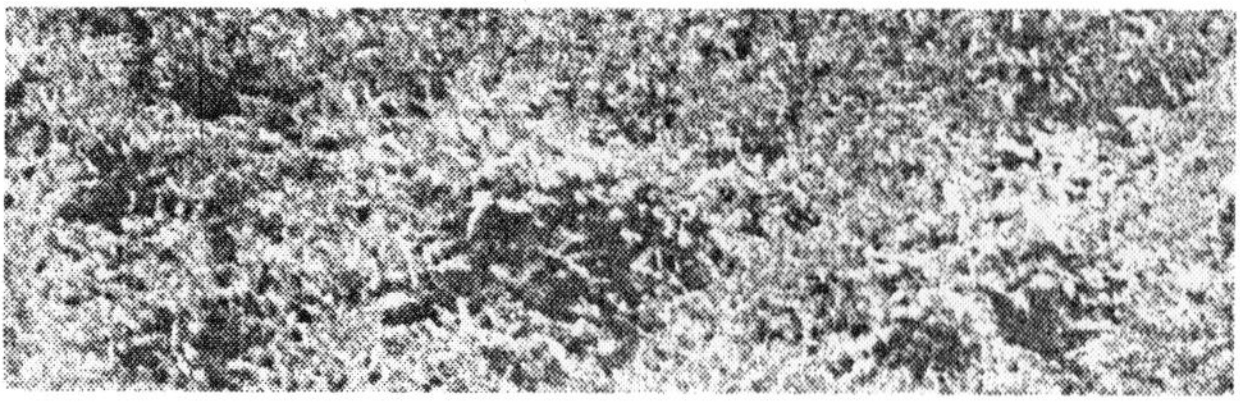

目次

Ⅳ　伝道の旅

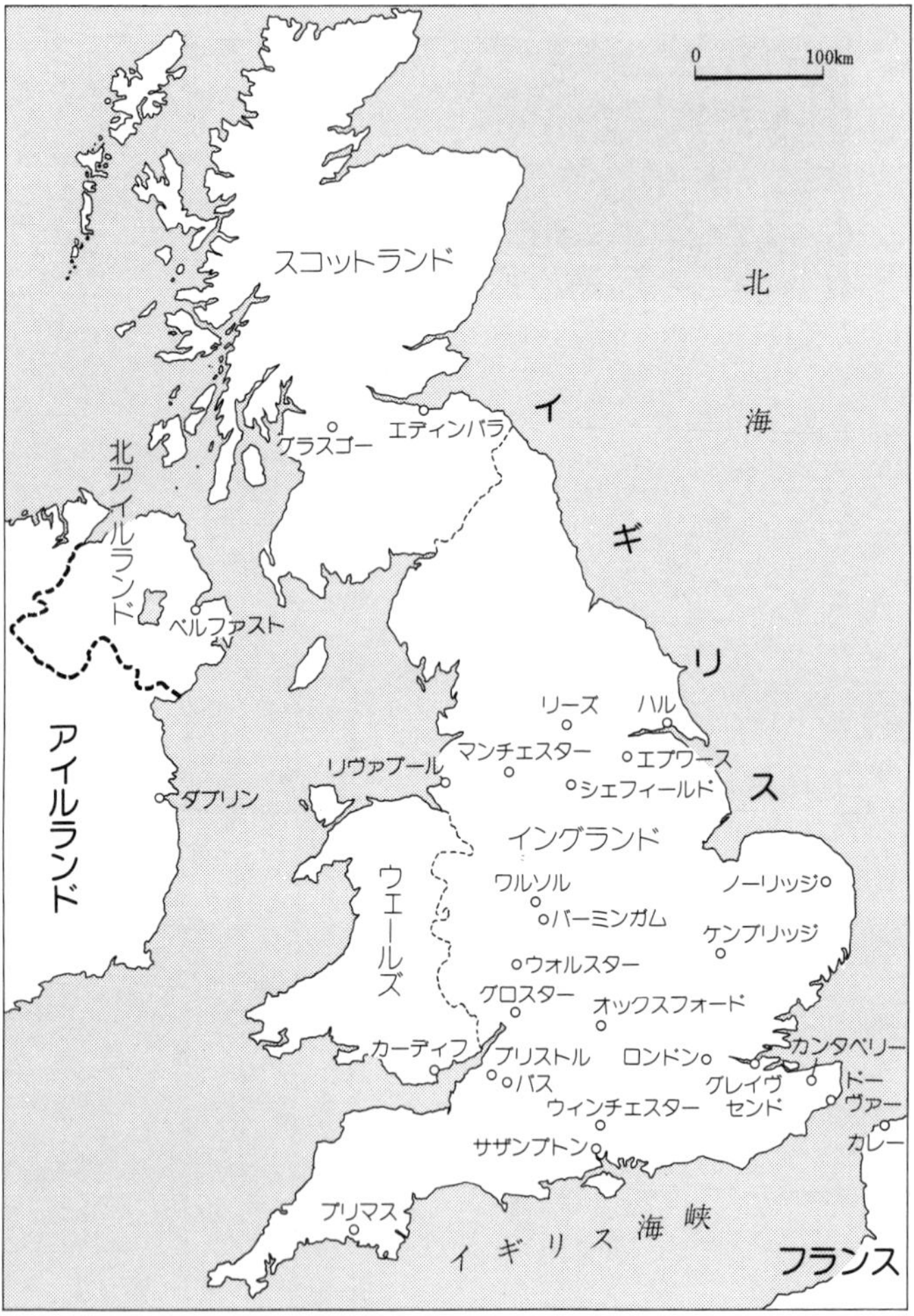
0
100km
スコットランド
北
海
イ
ギ
リ
ス
エディンバラ
グラスゴー
北アイルランド
ベルファスト
アイルランド
ダブリン
リーズ
ハル
マンチェスター
エプワース
リヴァプール
シェフィールド
イングランド
ウェールズ
ワルソル
バーミンガム
ノーリッジ
ケンブリッジ
ウォルスター
グロスター
オックスフォード
カーディフ
ブリストル
バス
ロンドン
カンタベリー
グレイヴセンド
ドーヴァー
ウィンチェスター
サザンプトン
カレー
プリマス
イギリス海峡
フランス

ウェスレー関係地図

I　ウェスレーの生きた時代

一八世紀のイギリス

キリスト教の歴史

キリスト教の歴史は大きくいくつかの時期に区分される。歴史に登場して以来迫害に迫害を重ねてもますます広がり行くキリスト教を、ローマ帝国のコンスタンティヌス大帝が、むしろローマ帝国の統一理念に採用しようと決心して三一三年にミラノにおいて「寛容令」を発布し、キリスト教がローマの国家宗教となる端緒を作ったのは、時代を分かつ大事件であった。また、いつから中世が始まったのかは、学者により多くの意見が存在するところであるが、四七六年の西ローマ帝国の崩壊をあげるのも一つの方法であろう。それ以前をキリスト教の古代とみなすとすれば、古代は迫害されたキリスト教がやがてローマ帝国に受け入れられるようになった激変の時期であったが、その間に教会はそれ自体の教理と制度とを確立したのであった。

しかし、キリスト教は中世の初めには、まだヨーロッパ世界に強固な地盤を築いてはいなかった。ところが、中世の終わりには、今日の世界でキリスト教が深く根を下ろしていると言い得る地域の人々によって広く深く既に受容されていた。中世の神学は一三世紀のトマス＝アクイナスによって代表されるような高嶺を極めたし、その霊性はアシジの聖フランチェスコによって典型的に示され、修道院運動の中で花を咲かせた。

産業革命と農村

近代の始まりをルネサンスに、あるいは宗教改革に見る学者も多いが、エルンスト＝トレルチに従って、私は一八世紀をもって近代の初めとしたい。一八世紀を「理性の時代」と呼んだのはトマス＝ペインであったが、よくこの時代の特徴を表している。一七世紀に近代的な装いをととのえ始めた科学は、一八世紀の間に長足の進歩を遂げたし、一八世紀はまたその中頃から、特にイギリスにおいて産業革命が進行し、社会的・経済的・政治的に銀行家や商人や工業家が土地所有者にかわって指導権を握っていった時期であった。産業革命を象徴するものとしてよく引き合いに出されるものが、ジェイムズ＝ワットの発明（実は改良）と言われる蒸気機関である。この動力が、インドより原料を輸入していた、当時の花形産業であった木綿工業を育成したのである。紡績と織布との両部門にわたる作業機械が発明され、それを動かしたのが蒸気機関であった。それにつれて機械工業の発達、製鉄業・石炭業の発達があり、工場は各地に作られ、マンチェスター・バーミンガムなどの工業都市、リヴァプールのような商業都市が起こった。また産業革命は、原料や製品を陸路に比べて安く運ぶことの出来た海運業の発展や、運河の整備を促し、また道路の発達を促したのである。

農村も一八世紀の中頃から一九世紀の前半にわたって大きく変わった。産業革命とナポレオン戦争の時期に、イギリスの人口は激増したが、その人口を養うために荒れ地が耕作地の中に囲い込まれたばかりか、地主は小作人たちを追い出して、小作地や共同地をも囲い込み、資本家に貸した。人口の増加と戦争の影響で穀物価格が上がったことが、資本家たちが乗り出してきた理由であったが、彼らは新しい技術を取り入れ、大規模な農業生産を行い、利益をさらにあげようとした。追われた農民たちは、その大規模な農業生産の日雇い労働者となるか、都市に行って工場労働者となるか、あるいは炭坑労働者となるかの他に生きる道がなかった。私たちが研究しようとしているウェスレーの宗教運動、メソジスト運動は、広く深くイギリス、特にイングランドの社会の各階層に浸透したものであったが、徐々に明らかになるように、この運動の広がりは、都市や都市の周辺の炭坑町などに、農村から出てきて精神的にも身体的にも生活の基盤が確立していなかった人々から始まったのである。

産業革命の発展には、フランスが北アメリカにおいてイギリスに敗れ、イギリスが植民地支配を確固たるものとしたという事情も背景となっている。植民地から利益を吸収し、それを資本として蓄積することができたのだが、その資本は、徐々に近代的な体裁をととのえていた銀行を通して保存され、また資本家たちの行う事業に投資されたのである。

イギリス資本主義の発達の基盤

このようにしてイギリスの資本主義は発展していったのであるが、私たちは発展の基盤の形成に宗教とのかかわりが大きな役割を果たしたことを忘れることができない。それは、いわゆる名誉革命体制のことである。イングランドは一六世紀に、大陸のドイツやスイスなどとは違った経路を辿ってローマ－カトリック教会と決別して、独自の国教会を作りあげた。その成立から今日に至るまで、英国国教会はローマ－カトリック教会とは一線を画しながらも、それに近づいた時期や、マルティン＝ルターやジャン＝カルヴァンによって形成された大陸のプロテスタント教会に近かった時期があった。その二つの極の間を揺れ動きながら、とにかくこれまで中庸の立場を維持しようとしてきたのである。一七世紀のピューリタン革命は、イングランドがもっともプロテスタント的であった時期を表しているが、一六六〇年のチャールズ二世による王政復古は、ピューリタニズムを嫌悪する者たちにも、ローマ－カトリック教会への、また、絶対王制への傾斜をもつのではないか、と疑わせるものであった。一六八五年にジェイムズ二世が王となったが、彼の公然たるローマ－カトリック教会擁護は、遂に議会全体の反対を受けるに至った。いつもは互いに反目し合っているホイッグ党とトーリー党との指導者たちが結束して、ジェイムズの娘で信仰上プロテスタントであったメアリーと、その夫であったオランダのオレンジ公ウィリアムに対し、イギリスを救うために来援するようにと頼んだのである。ウィリアムは軍隊を引き連れてイギリスに上陸し、自分の軍隊に見捨てられたジェイムズはフランスに逃げてしまった。これは一六八八年一二月のことであったが、翌年には議会の要請を受けて、ウィリアムとメアリーは共同で国王として君臨することとなった。

これが名誉革命あるいは無血革命と呼ばれる事件であるが、この革命で指導権を握ったのが議会であったが故に、これを機会に議会は国王と人民との関係を、国王の権利を制限するような仕方で改めることができた。その結果、それ以降カトリック教徒の王が君臨することは法的に不可能となったし、議会に自分たちの代表を送ることのできた社会階層は、国王の気ままな干渉を排して私有財産権を守ることができるようになったのである。名誉革命体制におけるこの私有財産権の確立こそが、経済活動の自由の保証と共にイギリス資本主義の発達の基盤となったものである。

理性と科学の時代

一七世紀のイギリスは近代科学の基礎をすえたアイザック＝ニュートンや偉大な経験主義の哲学者ジョン＝ロックなどを世に送り出したが、一八世紀も偉大な人物が輩出した時代であった。科学者としては、天文学者エドマンド＝ハリー、博物学者ハンス＝スローン、数学者ニコラス＝ソーンダーソン、芸術方面では、フランス出身の彫刻家ルイ＝フランソワ＝ルービアク、ドイツからイギリスに帰化した音楽家ゲオルゲ＝フレデリック＝ヘンデル、小説家のダニエル＝デフォーやジョナサン＝スウィフト、批評家リチャード＝ベントリー、詩人のエドワード＝ヤング、アレキサンダー＝ポープ、ジョン＝ゲイ、サムエル＝リチャードソンらがいたし、文学界の中心としては、あまりにも有名なサムエル＝ジョンソンがいた。

ジョン＝ウェスレー（John Wesley）の生きた一八世紀のイギリスは以上のようなものであった。彼がこの時代の息吹の中に深くつかって生きていた証拠は沢山あるが、ここに一つだけ、私自身のウェスレーを慕っての旅における、印象深かった事柄を記しておこう。

ロンドンの下町にシティー－ロードという通りがあり、それに沿ってウェスレーの活動の根拠地であったシティー－ロード－チャペルがある。チャペル（会堂）の内部も勿論必ず見なければならない場所であるが、その傍らに立つ四階建ての司祭館は訪れる者に忘れ難い印象を与える。この二階をウェスレーは日常生活の場としており、死んだのもそこにある寝室においてであった。二階の小さな祈禱室も、ウェスレーが使っていた当時のままに保存されている。窓辺の小さな机と、その前に置かれる祈る時にひざまずくためのクッション。机の上には聖書一冊とろうそく立てが置かれ、傍らには、地味な腰掛けが一つ。その外には飾りもなにもない。三階には、ウェスレーが使った日用品が保存されている。ガウン（司祭服）がかけてあるが、それの側

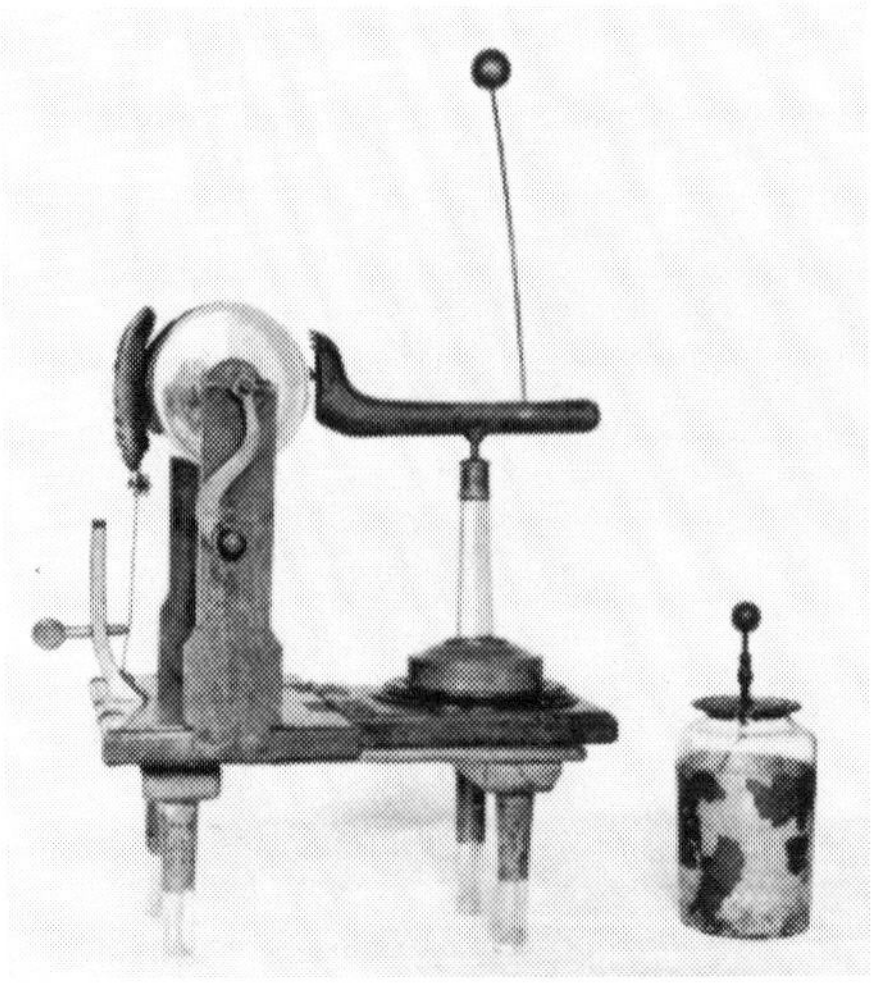

ウェスレーの考案した電気器具　現在ロンドンのウェスレー－チャペルの側の資料館にある。

に立ってみると、ウェスレーが背の低い人物であったことがよく分かる。しかし、特に私の注意を引いたのは一つの電気器具であった。それは、ウェスレーが信者の中で神経症（ノイローゼ）にかかっている人々を治療するために、自身設計して作らせたものである。まさに理性と科学の時代に、一八世紀を生き抜いたキリスト教伝道者を象徴するものであった。

英国国教会の性格

ジョン＝ウェスレーの生きた一八世紀イギリスを、きわめて大ざっぱに描写するとと以上のようになるのであるが、キリスト教の伝道者であった彼を理解するためには、もう少し詳細にイギリスの教会の宗教改革や、特に一七世紀のピューリタニズム、またそれとの関連で顕著になってきた高教会主義について知っておく必要があるであろう。

英国国教会の成立

英国国教会は、ローマ－カトリック教会に近い立場と、大陸のプロテスタント教会に近い立場との間を揺れ動いてきたことを前に述べたが、そのおもな理由は、大陸のプロテスタント諸教会が、ルターやカルヴァンの指導の下にキリスト教の教理に関するローマ－カトリック教会との意見の相違から出発したのに対して、イングランドの場合にはヘンリー八世（在位一五〇九～四七）の離婚問題が出発点となったところにある。

ヘンリーの最初の妻キャザリンには男子が生まれなかった。ヘンリーは男子の後継者が欲しかったし、アン＝ボーリンとの愛に夢中になっていた。そこでヘンリーは、キャザリンとの結婚についての無効宣言をローマ教皇に出して貰いたかったのだが、その試みに失敗し、逆に一五三四年には、国民の国家主義的感情を利用して、ヘンリー自身がイングランドの教会の唯一の最高支配者になってしまった。したがって、教理の点でローマ-カトリック教会から分離したわけではないのであるから、このことは信者の信仰生活にとって、初めのうちはローマ教皇がイングランド国王によって交代された程度の意味しかもたなかったのである。

次の国王エドワード六世（在位一五四七～五三）の下で、英国国教会はプロテスタント主義の方向へ少し傾斜したけれども、次の女王メアリー（在位一五五三～五八）はイングランドをもう一度ローマ-カトリック教会に改宗させようとしたので、それに抵抗した多くの殉教者を出すに至った。しかし、次の女王エリザベス（在位一五五八～一六〇三）によって英国国教会は、プロテスタント教会ではあるが、多くの点でカトリック教会の教義や慣習を保持し続ける教会となった。

ピューリタン革命

その宗教改革の初期に、イングランドの教会はルター主義の影響を受けたことがあったが、その後は、そのプロテスタント主義はカルヴァン主義の影響下にあった。これには隣国のスコットランドの宗教改革が、カルヴァン主義者ジョン＝ノックス（一五〇五？～七二）によってなされたことも、勿論与って力があった。ピューリタンと呼ばれる人々には、英国国教会の内に属する者たち、あるいは外に出てしまった人たちの両方があるが、後者も最初は前者に属していた人々である。彼らはカルヴァン主義に影響されて、英国国教会内に見られる、カトリック教会の教理と慣習の残余と思えるものに反対したのである。そして、内部からの改革を諦めた人々が、国教会の外へ出ていったのである。

国教会とピューリタンたちとの争いは、エリザベス女王の時に既に相当に激しいものであったが、エリザベス女王の後に、スコットランドの国王ジェイムズ六世（スコットランド王としての在位一五六七～一六二五）がイングランドのジェイムズ一世（イングランド王としての在位一六〇三～二五）として即位し、イングランドとスコットランドとは同一の国王をもつようになった。カルヴァン主義の国スコットランドの王を、イングランドの国王としてももつこととなったので、ピューリタンたちは初めは期待するところが大きかったが、ジェイムズは日曜日に国民にスポーツをすすめた『スポーツの書』を発行し、日曜日を聖日として厳粛に守ろうとしたピューリタンたちの気持ちを逆撫でしたりしたことなどから、ピューリタンたちの間に失望が広がっていった。

ジェイムズの息子チャールズ一世（在位一六二五～四九）は、『スポーツの書』の新版を出したり、カトリック教徒のフランス王女と結婚したりして、ますますピューリタンたちの怒りを煽った。それに、時のカンタベリーの大司教ウィリアム＝ロード（一五七三～一六四五）がピューリタンたちを迫害したり、カルヴァン主義のスコットランド教会に、英国国教会の礼拝様式を採用させようとしたため、遂に戦争が勃発した。国教会の側の国王軍と、スコットランドのカルヴァン主義者の援助を受けていたピューリタンたちの側に立つ議会軍との対決であった。戦いにはいろいろの経過があったが、一六四五年にはピューリタンのオリヴァー＝クロムウェル（一五九九〜一六五八）が宰相となり、一六四九年一月三〇日には国王チャールズ一世を処刑した。これが前にも触れたピューリタン革命と言われるものであるが、ピューリタンたちの厳格主義はやがて世の人々に嫌悪されるに至り、一六六〇年には王政復古が行われて、国教会は再び国家によって支持される教会となったのである。しかしその後も、国教会内外のピューリタンたちの影響は大きかった。

国教会の純粋化

ところで、ピューリタンたちがそのように呼ばれるようになったのは一五六〇年代、すなわちエリザベス女王の統治下においてであった。既に述べたように彼らは国教会の中にあるカトリック教会の残余を取り除いて国教会を純粋化しようとしたのであるが、実際問題として特に彼らが反対したものには、次のようなものがあった。まず、司祭の服装である。彼らによれば、国教会の司祭の服装は、庶民の目に特殊な神秘的威力をもつ階級のしるしと見えるものであって、プロテスタントの万人祭司主義と矛盾した。すなわち、すべての信者が神と直接に交わることができるのであり、神と人間とを仲介する存在は神のひとり子キリストだけであって、他には教皇であろうが主教であろうが司祭であろうが、仲介者を必要としない。その意味で信者一人びとりが自分を司祭と信じてよいのである。したがって、仲介者を示唆するような司祭の服装はプロテスタントの考え方と矛盾する、とピューリタンたちは考えたのである。

また、聖餐《せいさん》を受領するに当たって、国教会では信者がひざまずかねばならないのだが、これは聖餐の物質（パンとぶどう酒）の中にキリストが身体的に臨在し、それを礼拝する意味をもつことになるとピューリタンたちは反対した。元来聖餐式（ローマ・カトリック教会のミサに当たる）は、イエスが十字架にかけられる前の日に、弟子たちと一緒に別れの食事をされた時の出来事に由来している。食事の席でイエスは、パンとぶどう酒を弟子たちに分配して、パンについては「これは、あなたがたのために与えられるわたしの体である」と言われ、ぶどう酒については「この杯《さかづき》は、あなたがたのために流される、わたしの血による新しい契約である」と言われ、さらに「わたしの記念としてこのように行いなさい」と言われたのである（例えばルカによる福音書二二章一四節より二三節までを参照）。後の教会はこの場面を、勿論のことイエスの十字架の死と結びつけて解釈した。パンは、十字架上で死に、兵士の一人によって槍でわき腹を刺された（ヨハネによる福音書一九章三四節）りしたイエスの身体を表し、ぶどう酒は、鞭で打たれ、茨の冠を頭に載せられ、屈辱のうちに殺され、死体まで槍で突かれて血を流さねばならなかった、イエスの血を表す。イエスもユダヤ教徒であったのだが、ユダヤ教では、神に対して人間の罪を赦して貰うために犠牲として動物の血を捧げたが（例えば、出エジプト記　二四章）、それは動物の命を捧げたのである。血は命を宿すものだったのである（創世記、九章四節）。新約聖書では、犠牲とされた動物たちの血の役割がキリストの血によって取って代わられている。

化体説の源流

ところで、後の教会は、エルサレムにおける弟子たちとの最後の食事の席で「わたしの記念としてこのように行いなさい」とイエスが言われた言葉を一つの命令として捉え、頻繁に聖餐式を施行した。その折には司祭が信者の一人びとりにパンとぶどう酒を与えたのである。そしてこのパンとぶどう酒をイエスが自分の体、また血であると言ったことについて、深刻な理解の相違が教会史上に起こってきたのである。

ローマ－カトリック教会において中世に顕著になってきた教理で、一二一五年の第四ラテラン会議によって信じなければならない教義とされたものが化体（transubstantiation）説であった。この説明は、アリストテレス哲学の使った概念を一三世紀の教会が解釈したものによってなされているために、今日の私たちには大変理解しにくい。それによると、パンとぶどう酒の実質（substance）が、ミサの儀式において司祭が「これは……わたしの体である。……これは、わたしの血である」というキリストの言葉を発言する時に、真にキリストの体と血に変化する。しかし、変化するのはパンとぶどう酒の実質であって、それらの付帯的なものではない。つまり、パンやぶどう酒の目に見え、口に触れる諸要素が変わるわけではない。

化体説の源流を辿って行くと、アンテオケのイグナティウス（三五頃～一一〇頃）にまで遡《さかのぼ》ってしまう。この主教は、キリストと結合することが信者に真の命を与えることを強調したのであるが、この場合、真の命とは不死のことであった。そして、彼はこの命が、聖餐式において裂かれたパンを口に入れることによって与えられると主張したのだが、それはこのパンが、信者の死すべき身体に宿る死の毒に対する解毒剤、不死をもたらす薬であったからである。

こういう考え方は、フリードリヒ＝ハイラーが『カトリック主義』の中で言っているところにならって言うならば、霊的な事柄を物質的な仕方で考える霊的物質主義であるが、何故にこういう霊的物質主義がカトリック教会の信仰の中心に浸透したのであろうか。人間がものを考える場合に、たとえそれが霊的な事柄であっても、身近な物質になぞらえて考えないわけにはいかないのであるから、物質的に考えることをすべて排斥することはできない。しかし霊的な事柄は、その中心において人格的なもの、自由なものにかかわっているが故に、物質的な思考を超越するところがなければならないのに、化体説では神と人間との関係が人格（神）と人格（人間）との出会いの要素を失う方向で考えられてしまうところに問題がある。しかし、化体説はミサを執行する司祭に対し、したがって司祭を任命する教会に対し、独占的に神を人々に分配するという途方もない権威を与える。それ故に、例えばローマ－カトリック教会では、司祭の任命権を、相手が国王であっても譲らず、それに介入してくる者は教会から破門された。教皇グレゴリウス七世がドイツ王ハインリッヒ四世を破門し、一〇七七年の一月に後者が当時教皇が滞在していた中央イタリアのカノッサ城の門前で三日間、雪の中に裸足で立ちつくし、破門を解くように許しを乞い、やっともう一度教会に受け入れられたことは、史上あまりにも有名な事件である。

自由な、人格的な神であれば、人を救うに当たってその時その場にふさわしいどのような手段でもお使いになる筈であるが、三位一体の神（父なる神、キリスト、聖霊）から流れ出る神の恵みが薬水の如きものと考えられ、それが、教皇・大司教（大主教）・司教（主教）・司祭という管《くだ》だけを通過し、信者の受領するパンとぶどう酒の実体と化して信者の中に入り、信者を不死に変えていくということになれば、当然のこと国王といえども自己の不死の獲得のためには教皇にひざまずかねばならないし、民衆がそれほどまでに頼る教会を、政治的に重要視しないわけにはいかなくなる。

宗教改革者たちの立場

一六世紀のプロテスタント宗教改革は、このような霊的物質主義に対する抗議であり、もう一度キリスト教の神を人格的で恵み深いが故に、恵みの通過してくる管によらないで、直接人間の魂に働きかける存在と見なしたのである。したがって、マルティン＝ルターの信仰義認論も、人間の魂が神の恵みを注入されて徐々に清くなっていくという経過に土台を置いて、清くなっていく程度に応じて人間が神にそれだけ強く愛されるようになるというカトリック的な考えを否定し、神の恵みに頼りさえすれば、こちらの清さの程度に依存せずに、神は汚れたままの人間をそのままで受け入れ――これが義認ということであるが――愛の関係に入れて下さるということを主張するものなのである。「ルカによる福音書」一五章一一節以下に書かれている「放《ほう》蕩《とう》息子」のたとえが、この事情をよく表している。父親から財産を分けて貰った息子は、他国に行って放蕩の限りをつくし、すべて使い果たしてしまう。食べるものにも困るようになって初めて、息子は父のところに帰ってくるが、さすがに父の面前に出るのを躊躇《ちゅうちょ》している。「ところが、まだ遠く離れていたのに、父親は息子を見つけて、憐れに思い、走り寄って首を抱き、接吻した」。ここには、父親の憐れみを運んで行く管《くだ》も介在せずに、父親は、父親に対する道徳的汚れの故に躊躇している息子を、直接に走り寄って抱く。そして、人間の父親はいざ知らず、父なる神はそういう息子が、それから後も放蕩癖を捨て切れないとしても、息子を愛することを止めはしないのである。

こういう基本的な姿勢から、ルターはカトリック教会の化体説に反対し、共在説（consubstantiation）を主張した。この説は、パンとぶどう酒の本質がキリストの体と血に化するのではなく、パンとぶどう酒と共にキリストの体と血とが聖餐式において存在する、というものであった。しかし、キリストは十字架上に死んで葬られた後、三日目に墓より復活し、弟子たちに現れ、天に昇って神の所に行かれたというのが聖書の物語るところであるが故に、どうして天に在る筈のキリストの体が、ある時は同時に聖餐式を行う地上の多数の教会の中に存在することができるのか、人間の体であればそういうことはできないのではないか、というような疑問が当然起こった。ルター派教会はその説明として、天上のキリストの体はその神性と相互浸透し、元来は神のみがもっておられる、同時にどこにでも存在し得るという性質を所有するようになったので、そういうことが可能であると主張したが、もう一人の宗教改革者ジャン＝カルヴァンは、ルターの考えとは違って、神の霊である聖霊が天上のキリストの体を、聖餐式が行われるごとにその場に、執行者（司祭や牧師）の祈りに答えて運んできて下さるとした。さらにもう一人の改革者フルドライヒ＝ツウィングリは、パンとぶどう酒において、いかなる意味でもキリストの体が存在することを否定して、それらをキリストの体を指し示すもの、象徴するものと見なし、聖餐式はキリストの十字架上の死と復活を記念するものであるとした。

英国国教会は聖餐式については大体のところカルヴァンの説に従ったのであるが、この点では大多数のピューリタンたちも例外ではなかった。しかし、ここで私たちが注意しなければならないのは、天上のキリストの体を聖霊が運んできて下さるというカルヴァンの意見によっても、聖餐式の場に現実にキリストがおられる（これを英語でreal presenceという）ことを主張できるということである。ピューリタンたちを迫害し、ピューリタン革命を引き起こす一つの要因となってしまったカンタベリーの大司教ロードの神学的系譜をおおよそ継承する人々を高教会派と通常呼ぶのであるが、この派の人々はカトリック教会の化体説とは一線を画しながらも、化体説のもっている信者の魂への神の恵みの霊的物質主義的注入と、実質的には同じものとも言える神秘的体験を、聖餐式におけるキリストの臨在（real presence）から引き出そうとする傾向があったのである。こういうことは、ピューリタンたちにやり切れない思いを抱かせたのである。彼らにとっては、カルヴァンがそうであったように、聖餐式に聖霊がキリストの体を運んできて下さることは、復活して神と共に天にあり、今もなお、一個の人格的存在であるところのキリストと、聖餐式の場において人格的に交わるためなのである。非人格的な注入される恵みを受領するためではなかった。

ピューリタニズムと高教会主義

国教会の外へ出た人々

さて、私は前にピューリタンたちのうち英国国教会内に留まってカルヴァン主義的な改革を実現しようとした者たちと、そういう内部からの改革を諦めて、外に出て自分たちの理想にかなった教会を独自に造ろうとした者たちがあったことを述べたが、後者すなわち非国教会派の人々はいつ頃から存在するようになったのであろうか。それは一五六〇年代からであった、と言うことができよう。エリザベス女王の即位は一五五八年であったが、一五五九年四月二九日には議会は新しい「首長令」を通過させ、それによって、ローマ教皇との関係の断絶が改めて宣言された。また「統一令」によって、同年六月二四日以降は、礼拝儀式はすべて新しく改訂された「祈禱書」に従って行われねばならなくなった。それによると、聖餐式においてひざまずくことは聖餐の物資（パンとぶどう酒）を礼拝することを意味しないとして強制され、キリストの体の臨在については故意にぼかされており、教会の装飾や司祭の服装はエドワード六世統治下の一五五二年に決められたものに従うことになった。さらに、一五六三年には国教会の信仰を箇条的にまとめた「三九箇条」が公布されたが、こういう事柄への反発から国教会の外へ出る人々が現れたのである。

やがてそういう人々の系譜を継いで最初の著名な人物が現れたが、それはロバート＝ブラウンであった。一五七二年にケンブリッジ大学を卒業した彼は、聖書に描かれている教会制度と彼自身が考えるものが、政府の手によってイギリスに実現するのを待っておれずに、友人と協力して一五八一年にノーリッジで独立教会を設立した。そのため彼は何回か投獄され、ついに大部分の信徒と共にオランダに逃れた。彼の意見によれば、教会とは、キリストを体験的に知った信者たち一人びとりが自分たちの意志で集まり、キリストに対し、また信者一人びとりが他の信者に対して、自由な契約を結ぶことによって成り立つものであった。各個教会はキリスト以外に長をもたず、それぞれ自治を行い、聖書の言うところに従って教師（牧師）、長老、執事、未亡人を選ぶ。そして、一つびとつの教会は他に対して兄弟愛からの援助を行うが、他の上に立ち権威を振るうことはできない。これは会衆主義と言われるものだが、明らかに大陸の再洗礼派の影響を受けているけれども、再洗礼派が、幼児は自覚的にキリストを信じることができないという理由から幼児バプテスマを否定したのに対し、ブラウンはそれを肯定している。

ブラウン主義者にとっては残念な事柄であるが、ブラウンは一五八五年に国教会に復帰してしまった。そのため会衆主義の勢いは一時衰えたが、やがて再び力を得て、一五九二年にロンドンに教会がつくられフランシス＝ジョンソンがその牧師となった。しかし彼らも迫害されて、またオランダのアムステルダムに逃れざるを得なかったのである。同じように非国教会派のジョン＝スミスとその教会員たちが一六〇八年ごろに、迫害を逃れてアムステルダムに来て、やがて成人にだけバプテスマを施すのが聖書の教えだと信じるようになり、最初のバプテスト教会を形成した。さらに、一六〇九年頃にはジョン＝ロビンソンとウィリアム＝ブルースターの率いる非国教会教徒がライデンに定着した。一六二〇年に大西洋をメイフラワー号で横切った「ピルグリム－ファーザーズ」は、ウィリアム＝ブルースターに率いられたライデンの会衆の一部であった。彼らはニュー－イングランドのプリマスに植民地を建設したが、このようにして会衆主義がニュー－イングランドに根を下ろしたのである。

議会とピューリタン軍

ピューリタン革命の指導者で、国王チャールズ一世の処刑にその指導力を発揮したオリヴァー＝クロムウェルは、一六二八年から議会の一員であったが、彼は常にピューリタンたちと行動を共にしていた。革命の初期からクロムウェルはその軍事的能力や、議会軍を組織し統率する能力を認められ、急速に革命の指導権を握っていった。ところで革命の進行過程で議会とクロムウェルの率いる軍とはしばしば意見の違いを見せるに至り、衝突を繰り返しているうちに、結局のところ革命の主導権は軍が掌握するようになったのであるけれども、同じピューリタンたちではあっても、議会は長老主義者たちが牛耳《ぎゅうじ》っていたのに対し、軍は、非戦論、無

クロムウェル

抵抗主義に立っていたクエーカー教徒を除いて、あらゆる種類の非国教徒で一杯であった。国教会を内部からカルヴァン主義の方向へ改革しようとする人々の大部分は長老主義者であったが、ピューリタニズムの構図を作るために仮に主教制を擁護するようなカルヴァン主義者や長老主義者を右に置いて、魂の内面だけに信仰の目を向け、聖餐式・バプテスマ・礼拝儀式に何の意味も認めないクエーカー教徒を左に置いてみると、ロバート＝ブラウンの流れを汲む会衆主義者などは丁度真中あたりにその場所を占めるのかも知れない。クロムウェルの軍隊では、この会衆主義者が大多数であった。したがって、軍は、個人の確信に従って信じ行動する信教の自由を強く要求し、個人の信仰の自由よりも、国民の大多数が同一の信仰をもつような国民教会を目指していた長老主義と対立してしまったのである。クロムウェルは、一六五八年九月三日のその死に至るまでイギリスを護民官として治めたが、自分自身が会衆主義に近い信念の持ち主であったが故に、大幅に信仰の自由を認めたので、国教会という枠内に穏健な主教制擁護のピューリタンや長老主義者や会衆主義者やバプテスト教徒までが組み込まれたのである。

長老主義の特徴

長老主義は、聖書の中に既に一つの明確な教会制度が描かれている、とするものであった。それによると、信者たちに対してイエスの使徒たちが行った精神的訓練は長老たちによって引き継がれ、なされる。長老たちは会衆の中から会衆によって選ばれる者たちであるが、長老たちと同じ資格をもつ者たちで、説教し聖餐式を執行する役割を分担する者が教職（牧師）である。したがって教職も会衆の同意を得てその地位に着かねばならない。聖書で主教（bishops）と呼ばれている者は、教職と全く同資格で、役割が違うにすぎない。長老主義と会衆主義との大きな相違は、後者が個人の信仰に教会の基礎をすえて、同じ信仰をもつ一つの会衆を独立した単位として考えるのに対して、前者によると、教会と国家とは、社会を人間にたとえれば、それぞれが精神的な役割と身体的な役割を果たすという異なった使命を神から与えられている。教会と国家とは別々の機構ではあるけれども、しかし、国民全体を正しい一つの教会の中に包摂しようという、前に述べた国民教会の理念を実現するために両者は協力しなければならないのである。

ある時期、ニューイングランドの会衆主義は実際のところ国家宗教であったと言わざるを得ないものであったが、しかし、その場合でも会衆主義の原理は変わっていなかった。一つの会衆の主はイエス＝キリスト一人であり、すべての信徒が同格なので、主教も長老も存在しない。長老主義の制度では、一つの会衆を指導するのは長老会（session）であり、これは牧師と長老たちとで成立している。他に執事（deacon）や管財人（trustee）がいて会衆の実際の問題の処理に当たるのであるが、長老主義の特徴は何と言ってもその中会（Presbytery）に表れる。これは一定の地域にある諸教会のすべての牧師と、各教会から少なくとも一人の長老を出して構成されるもので、その地域の牧師たちを管轄するのはこの中会である。牧師を任命したり、どの教会に配属するかを決めるのは中会の仕事である。中会がすべて集まって大会（General Assembly）を構成し、教会全体の事柄を議することになっているが、中会と大会の間に地方会議（synod）と呼ばれるものがある。

読者があまり興味をもって下さるとは思えない教会の制度上の問題を長々と書いてしまったが、宗教はいつも、その信仰の在り方と教会や寺院の制度とが複雑に絡み合っており、一七世紀イギリスの国教会やピューリタニズム、またそれと関連しながら展開した一八世紀のジョン＝ウェスレーによるメソジスト運動を十分に理解するためには、こういう知識がある程度どうしても必要なのである。

エリザベス王朝時代に長老主義に立って国教会の制度から大主教（archbishop）制を廃止し、各教区を中会に等しいものにしようと主張したのがトーマス＝カートライトであった。彼はケンブリッジ大学の神学教授であったが、この主張のために大学を追われ、迫害されて大陸にまで放浪する身となった。しかし彼の主張はますます多くの味方を得るに至り、一五七〇年代には、国教会の枠内で多くの長老主義に沿った試みがなされた。カートライトもそうであったが、その追随者たちも、ピューリタン運動を国教会内で続行していきさえすれば、政府の力によって国教会の制度は、彼らが信じる聖書的なものに変えられると考えていたのである。そういう試みに失望し、国教会の外に出て会衆主義を唱えたロバート＝ブラウンは、ケンブリッジ大学ではカートライトの学生であった。

ところで長老主義はカルヴァン主義をもっとも忠実に伝えたものであるが、その国民教会への傾向などを踏まえるならば、カルヴァン主義の信仰をもちながら、制度上では長老主義を採らずにイギリスの国教会制度と折り合っていけると考える人物が現れても不思議ではない。信仰的にはカルヴァン主義的プロテスタントであって、教会の制度には主教制が実際の教会運営上もっとも合理的で便利なものであるという理由から、カートライトに反対したのがジョン＝ホイットギフトであったが、彼は聖書の中では特定の教会制度が定められていないと主張した。これは、一種のプラグマティズムに立った主教制肯定である。彼をカルヴァン主義的信仰をもっていたが故に、ピューリタンの枠の中に入れてよいかどうかについては議論があるであろうが、入れるとすれば最右翼であり、高教会主義とすれすれのところ、接点にいる人物と見るべきであろう。彼はエリザベス女王の信任も厚く、一五八三年から一六〇四年までカンタベリーの大主教であった。

高教会派の形成

さて、長老主義も会衆主義も自分たちのもつ教会制度が聖書の中に既に描かれており、聖書の中に根拠を与えられていると主張したため、それへの反動として、主教制こそ神によって立てられた聖書時代の教会の制度であったという主張をなす人々が現れてきた。前に挙げたホイットギフトはこういう事を言わなかったのだが、大主教座における彼の後継者でもあったリチャード＝バンクロフトや、『教会組織規定』の著者で穏健な形での主教制擁護者であったリチャード＝フーカー、また一七世紀最大の高教会派神学者と称されるランセロット＝アンドルーズなどは、聖書の中に主教制の根拠を見出した人々であった。そして、彼らの場合、後の大主教ロードと違って主教制の擁護は、それが聖書に根拠を有しているという点にも確かに依存していたのであるが、それ以上に、主教制が実際的な観点から見て、もっとも有効かつ合理的であるという点に大きく依拠していた。

高教会派はこのようにして形成されていったのだが、大主教ロードによって明確にその姿を現すに至ったと言える。そこでは主教制擁護は、それが聖書に根拠をもつ教理であるという観点からなされており、もう一つの教理的なもの、聖餐におけるキリストの体の臨在（real presence）とともに、高教会主義を支える二つの大きな支柱であった。聖餐におけるキリストの臨在については前に述べたように、ローマ－カトリック教会の化体説を採用しないで、しかもそれと内容的にはほとんど変わらない、聖餐の物質を媒介として不死の薬たるキリストの体を受領するという立場である。主教制の聖書的根拠とは、おもにいわゆる使徒継承（apostolic succession）を支える聖書の記事のことである。

主教制擁護者の主張

ところで一八世紀から今日まで、約二〇〇年間にわたって聖書は科学的な歴史的研究のメスを入れられてきた。例えばホメロスの『イリアス』や『オデッセイア』を研究する場合に、その成立を促した動機や、背景となった当時の歴史を詳細に再現したり、それらの書物の構成の各部分にわたって科学的に分析して、著者は一人か、あるいは数人か、当時の状況の中で何を言おうとして歌われた詩か、などを探求するのが科学的な歴史研究であるが、そのような一般の書物に用いられたと同じ科学のメスが、聖書の記事に向けられたのである。そういう科学的研究に馴らされている私たちから見ると、実のところ使徒継承の根拠と言い得るものを聖書に見つけるのは困難なのであるが、とにかくこれまでによく挙げられてきたものについて簡単に指摘しておこう。「コリントの信者への手紙　一」一六章の一五節と一六節「ステファナの一家は、アカイア州の初穂で、聖なる者たち〔信者のこと〕に対して労を惜しまず世話をしてくれました。どうか、あなたがたもこの人たちや、彼らと一緒に働き、労苦してきたすべての人々に従って下さい」が根拠の一つとされたことがあるが、「従って下さい」と言われている服従の対象者ステファナたちが主教職をもっていたかどうかは明らかではない。また、「テサロニケ信徒への手紙　一」五章一二節「あなたがたの間で労苦し、主に結ばれた者として導き戒めている人々を重んじ……」も、重んじなければならない人々が主教であったかどうかは分からない。確かにパウロは、「コリントの信徒への手紙　一」一二章二八節に「第一に使徒、第二に預言者、第三に教師……」というように、神が教会の中に特別の役割をもった人々を設定されたことを記しているが、主教制擁護者たちが言うように、使徒職は継承されねばならないものであり、それを継承した者が主教であるとはパウロは書いていない。パウロがエペソの教会の長老たち（πρεσβύτερος）（使徒言行録二〇章一七節）に別れのあいさつをした折に、「聖霊は、神が御子の血によって御自分のものとなさった神の教会の世話をさせるために、あなたがたをこの群れの監督者に任命なさったのです」（同上、二八節）と言っているが、ここで長老たちに当てはめられた監督者と翻訳されているギリシア語 ἐπίσκοπος こそ、主教とも訳されている語なのである。注意しなければならない点は、ここで長老と主教という語が互いに交換できるものであることである。この点で、聖書においては主教と長老（牧師を含む）は権威において同格であると主張した長老主義は、確かに根拠ある発言を行ったのである。しかし、長老主義の主張するような中会制度のようなものが、聖書の中に既に見られるとは思えないのであるが。

　主教制擁護者たちが、聖書において主教制が既に存在しているとしたのは、聖書の時代のあと割合に早い時期に存在するようになった主教制を、聖書の中に読み込んだものと言わざるを得ない。ある地域における諸教会を監督し、教会の教えの純粋性を守り、精神的・物質的なあらゆる事柄の最高責任者である一人の主教が、イエスの使徒たちの職務を継承する者として各地域に立てられたのは、聖書の時代のあと比較的に早い時期、恐らく二世紀の中頃のことであろう。一体どのようにしてこのような最高責任者としての主教（monarchical bishops）という制度が生まれてきたかは、残念ながら明瞭ではないけれども、グノーシスの異端やモンタニズムとの理論的闘争において、イエスの使徒たちの職務を継承し、互いに連絡しあって、純粋な教えを守る主教たちが地域ごとに存在したことは、異端を排除し、信者たちの動揺を落ち着かせるのに大いに役に立ったであろう。こういう状況が主教制の確立を促すものであったことは、容易に想像できる。

主教制の具体相

主教制はこのように形成されてきたものであるが、今日、主教制をとる教会においては信者はいずれかの教会区（parish）に所属している。各教会区は司祭（priest）が責任をもって管理するのであるが、若干の教会区が集まって教区（diocese）を形成する。この教区が主教の管理する区域である。司祭の下には執事（deacon――カトリック教会では助祭）と言われる最下級の教職があるが、執事は何の管理責任ももたない。主教はすべての聖奠《せいてん》（sacrament――この用語はローマ–カトリック教会では祕跡と訳されているが、英国国教会の流れを汲む日本聖公会では聖奠と訳されている。カトリック教会の認める祕跡は洗礼〈バプテスマのこと〉・堅信・聖体〈聖餐のこと〉・告解・終油・叙階・婚姻の七つで、通常プロテスタントはこれらのうちバプテスマと聖餐の二つを聖礼典として認める。英国国教会はバプテスマと聖餐とを中心的な聖奠とするが、他の五つもこれら二つほど中心的なものではないとしつつも、聖奠として認める傾向がある）を執行し、司祭も聖奠の中心的なもの、すなわちバプテスマや聖餐式（カトリック教会では告解の祕跡も）を執行するが、執事は通常、補助者として聖奠の執行を助ける。

大主教（archbishop――ローマ-カトリック教会では大司教と言う）は、重要な中心地の主教（ローマ-カトリック教会では司教と言う）であって、普通は一地方、または若干の教区の責任をもつのであるが、しかし、原理的には他の主教たちの上に立って支配する権威をもつものではない。歴史を振り返ってみると、特に使徒たちの誰かによって立てられた伝統ある教会の主教、またはそうではなくても、何らかの意味――例えば政治の中心地の教会の主教のように――で重要な主教が大主教となったのである。例えばイエスの一二弟子の代表格であったペトロが創始したといわれるローマ教会、政治の中心地であったコンスタンチノープルの教会、文化の中心地であったアレキサンドリアの教会などであり、それらに大主教座が設けられ、その地域の主教たちに対して支配するわけではないが、大きな権威をもつようになったのである。

英国国教会においては、主教の聖別式は他の主教たちによってなされ、具体的には聖別される人物の頭上に他の主教たちが手を置く按手《あんしゅ》によってなされる。慣習的には大主教またはその代理を含む三人以上の主教たちによって聖別式は行われる。大主教座のある教会に主教候補者が出掛けて行って聖別式を受けるのが普通である。カトリック教会においても司教候補者は普通ヴァティカンに行き、教皇を含む三人以上の司教たちによって聖別式を受領する。しかし、英国国教会の場合、大主教も主教であることに変わりはなく、主教が教会の指導責任者として、もっとも重要な責任を負うという原理に立っている。カンタベリーの大主教がイギリス全土に責任をもち、ヨークの大主教がイングランドの責任者であるが、国教会の主教たちは使徒職の継承者たちであり、その継承は中断することなく、使徒たちの権威を受け継いできたとされ、使徒継承が主張されているのである。

長々と主教制について述べてきたが、その具体相は以上の通りであるけれども、それがキリスト教にとってどういう意味をもつか、つまりその解釈には種々ある。例えば、前に挙げたカンタベリーの大主教ホイットギフトは、信仰的にはカルヴァン主義の人であったけれども、主教制が教会の制度としてもっとも合理的で有効であるという立場、いわばプラグマティックな態度で主教制を擁護した。この立場においてはキリスト教にとって主教制は本質的なものではなく、ある場合にはなくてもよいものである。ところが、カンタベリーの大主教ロードの流れを汲む高教会派にとっては、それはキリスト教にとって必要不可欠な本質的なものであった。高教会派の人々の主教制の考え方には、彼らが聖餐式におけるキリストの臨在を考える時と全く同じものが見られる。つまり薬水の如き神の恵みは、使徒たちから今日の主教たちに中断することなく続く管《くだ》を通ってくるもの、主教たちの按手によって聖別される主教が霊的物質主義的に管を継承し、つなげることによって、その管を通ってくるもの、と考えられているのである。したがってバプテスマや聖餐式の執行は、そういう主教によって聖別された司祭でなければ、行ってはならないということになる。

使徒継承とローマ教皇の首位権

ここにも私たちは高教会派の敬虔において、カトリック教会と実質的には変わらない霊的物質主義を認めざるを得ないのである。ところで、この使徒継承の問題とローマ教皇の首位権の問題、つまりローマの司教が他のすべての司教（勿論大司教を含む）に対して支配権をもつという考え方とは、一応別である。そして、教皇の首位権の聖書的根拠としてよく引用されるものが「マタイによる福音書」一六章一三節以下であるが、そこではイエスがユダヤ人の待望していたメシヤ（救い主）であり、神の子であると告白したシモン＝ペトロに対して、イエスは「あなたにこのことを現したのは、人間ではなく、わたしの天の父なのだ。わたしも言っておく。あなたはペトロ（$\Pi \acute{\epsilon} \tau \rho o s$）。わたしはこの岩（$\pi \acute{\epsilon} \tau \rho \alpha$）の上にわたしの教会を建てる。陰府《よみ》の力もこれに対抗できない。わたしはあなたに天の国の鍵を授ける。あなたが地上でつなぐことは、天上でもつながれる。あなたが地上で解くことは、天上でも解かれる」と言っておられるが、ペトロというギリシア語には岩の意味がある。私のようなプロテスタントは、イエスが教会をその上に建てようとされた岩を、普通ペトロの信仰告白、つまりイエスを救い主であり神の子であると告白したそのイエス理解を指すものと考えるのであるが、ローマ-カトリック教会はこの岩をペトロ自身と主張するのである。一二弟子の代表であったペトロがローマに教会を建て、彼がその教会の最初の司教であったとローマ-カトリック教会は主張し、イエスはそのペトロに天国の鍵を与えたのであるから、ペトロの使徒職を継ぐローマ教会の司教は代々その鍵を継承して、すべてのキリスト者の牧者であり、この地上でキリストを代表する者である、と主張するのである。したがってこういう主張に立てば、ローマの（大）司教の支配を認めない教会は正しい教会ではなくなる。

プロテスタントは、天国の鍵はイエスを救い主とする信仰告白であるとして、ローマ－カトリック教会の支配を認めないのであるが、歴史的にはローマ－カトリック教会と同じように古い東方のギリシア正教もローマ教皇の支配を認めない。ペトロの使徒職を継承する司教座が名誉において他の司教座に勝っていたことは認めるが、しかし、それは名誉においてだけであって、実際の支配権を意味するものではないとする。つまり、一二弟子の代表者であったペトロが殉教した地に建てられ、ローマ帝国の首都にある教会という地の利を生かし、実際に他の多くの教会を援助もし指導もしてきた、初代教会時代におけるローマ教会の歴史上の栄光と実績に対しては、名誉あるものとしてそれを尊敬はするが、しかし、その支配は受けない。神の前にはすべての司教が同格である、と東方教会は考えている。英国国教会も大体東方教会と同じように、この点に関しては考えている。

しかし、英国国教会がローマ教皇の支配権を認めないが故に、ローマ教皇庁も種々の理由を挙げて、英国国教会の主教制が使徒継承のものであることを認めていない。おもな理由として挙げられるのは、主教を任命する際の意図にローマ教皇の支配権を含めていないが故に、その任命式は正当ではない、ということである。

臣従拒誓者

王権神授説と臣従拒誓者　英国国教会高教会派の運動の中で、特に王権神授説との関連で興味深いものは臣従拒誓者たち（nonjurors）であった。前にオランダのオレンジ公ウィリアムとその妻メアリーが英国議会の要請で王位に即くようになり、ジェイムズ二世は逃亡したことを述べた。これがいわゆる名誉革命であったが、このようにして一六八八年にウィリアム三世が王位に即いた時に、イングランドとスコットランドの国教会の司祭たちで、ジェイムズ二世に対する忠誠の義務を破ることを拒否し、新国王に対する臣従の誓いをしない者たちが多くあったのである。イングランドでは四百人以上の臣従拒誓者の司祭たちがおり、一六九〇年には臣従を拒んだ五人の主教が主教座から追われた。

主教をある教区の主教座に着座させる権限がイギリス国王に属するものであり、臣従が着座の前提であったが故に、彼らは追われたのである。今日でも、教会の意見を十分に吸収しながらではあっても、教職（大主教・主教・司祭・執事）の任命権が英国国王にある点は前と変わっておらず、この点でカトリック教会の教皇のもつ任命権と等しいものをイギリスでは国王がもっているのである。

スコットランドでは長老教会の圧力で英国国教会が一六八九年に国教制を廃止されたこともあって、ほとんどの英国国教会の司祭たちは臣従拒誓者であった。

臣従拒誓者は王権は神から与えられたものであると主張し、既存の権威に対する無抵抗を説いたのであり、ジェイムズ二世の王権が神から与えられたものである以上は、議会がそれに抵抗し、ウィリアム三世とメアリーが軍隊と共にイギリスに上陸してジェイムズ二世を追い出したことは神の意志を無視したこととなり、ウィリアム三世に臣従はできないという。神が立てた権威には無抵抗で服従しなければならない、というわけである。聖書の箇所で王権神授説を支えるものとしてしばしば引用されるのは、パウロの「ローマの信徒への手紙」一三章一節以下である。「人は皆、上に立つ権威に従うべきです。神に由来しない権威はなく、今ある権威はすべて神によって立てられたものだからです。したがって、権威に逆らうものは、神の定めに背くことになり、背く者は自分の身に裁きを招くでしょう」などとあるのが、その箇所である。しかし、私のようにプロテスタントの会衆主義よりももっとクエーカーに近い立場に立つ者が読むと、今引用した言葉のすぐあとで、パウロは支配者が神から授けられた権威は、悪を行う者を罰し、善を行う者を褒章《ほうしょう》するためのものであると書いており、いかなる場合でも無条件で支配者に服従するように勧めてはいない、としか考えられないのである。もしも支配者自身が悪を行うならば、私たちには服従の義務はない。

ウィリアム三世のあとアン女王が登位（在位一七〇二〜一四）したが、彼女が名誉革命によって追放されたジェイムズ二世の娘であったが故に、臣従拒誓者の多くは、彼女によって神授された王権は継承されたものと認め服従を誓うことができるようになったのだが、中にはやはり名誉革命によって王権の継承は断たれたとする者があった。後者はフランスに亡命したジェイムズ二世の帰還を願って運動し、ジェイムズ二世の死後はその息子、またその死後は孫を国王として認めて、運動を続けたのであるが、こういう臣従拒誓者たちを含めて、政治的にジェイムズ二世のスチュアート王朝の帰還を願った人々をジャコバイト（Jacobites）と呼ぶ。ジェイムズのラテン語ヤコブス（Jacobus）に由来した名称である。

ジョン＝ウェスレーと同時代人で、大きな影響をウェスレーに与えたウィリアム＝ロー（一六八六～一七六一）は、アン女王のあとに王位に即いたジョージ一世（在位一七一四～二七）の即位にあたって要求された臣従を拒否したが、その時にローはケンブリッジ大学のエマヌエル-カレッジの学生であった。彼は国教会の中で昇進する機会を自ら放棄したわけであるが、一七世紀ドイツの神秘主義者ヤコブ＝ベーメの強い影響を受けた多数の神秘的著作によって、当時の英国の思想界に君臨したのである。

ウェスレーの祈禱室

臣従拒誓者たちの王権神授説を理解してみると、私たちはそこに使徒継承や、高教会派が主張するような意味での聖餐式におけるキリストの体の臨在に等しい、霊的物質主義的なものが見られることに気付く。ただし、王権神授説の場合には、神の恵みというよりは、神によって立てられた王であると教会が一度認めた王権が、暴力によらず正しい手続きを経て継承される代々の王たちの形造る管の中を、水のように流れて行くという想定に立っているのである。

聖書解釈の違い

ところで、臣従拒誓者たちは高教会派の中でももっともピューリタンたちとは離れた所に位置づけられると思うけれども、私たちがここで注意しなければならない事柄は、おもにこれまでに取り扱ってきた一七世紀のイギリスでは、ピューリタンの極端と言われるクエーカーから高教会派の臣従拒誓者たちに至るまで、誰もが聖書に自分たちの立場の根拠を求めていることである。つまり、彼らは皆、原始キリスト教に倣おうとしていたのである。同じ聖書からそれぞれの立場の人々が、違った原始キリスト教の姿を見て取ったのである。会衆主義者やクエーカーの人々は、神の霊たる聖霊が直接に信者の個々の魂に働きかけ、愛なる神の存在と働きとを確証すると信じて生きていた人々、そのような個人体験から生きていた人々の群として、原始キリスト教会を見た。それに対して、高教会派の人々の考えでは、イエスの使徒たちの正しい教えを主教たちが伝え、キリストの体を聖餐を通して信者に分かち与える司祭たちのいる所が教会であり、人々はそのような、神の恵みを霊的物質主義的に媒介してくれる教会に受け入れられることによって、信者となり救われていくのである。つまり、神秘的な教会という集団が先にあって、そこに参入する個人が信者である。高教会派は、そういう集団として原始キリスト教を見ているのである。

同一の聖書が、何故にこうも違った仕方で理解されてしまうのか。どうしたら聖書の内容を正しく把握することができるのか。このような問題を研究するのが聖書解釈学という学問であるが、残念ながら今はそれについて詳細に説明する余裕はない。ただここで言っておかねばならないことは、聖書には誰も無前提で接近してこない、ということである。イスラエルの歴史を知りたい、キリスト教成立当時のローマ帝国の様相を知りたい、というような歴史への興味（前提）を抱いて聖書に近づく人々もあるだろうし、自分の人生の謎を解きたい、救われたい、というような宗教的な問い（前提）をもって近づく人々もあるだろう。その他の前提も存在するけれども、今取り上げた二つの前提に関して言えば、勿論後者が正しい聖書理解をもたらしてくれる。それが正しい前提であることは、その前提に対しもっとも豊かに聖書が答えてくれるという実感で分かるのである。

人々の実感は、その分量を計量することができるようなものではないが故に、どの実感がもっとも豊かであるか、というような事柄は、実感をもった人々が互いに語り合って探って貰うより仕方がないのであるが。ところでもう一つ重要な事柄がある。それは、聖書に接近してくる人々は、一人びとりが社会の中で、どこかの社会階層に属しており、社会の政治的・経済的仕組の特定の場で生きているということである。そうすると、国王が聖書から読み取るものは、炭坑夫が聖書から読み取るものと、どうしても違ってしまうのである。一人びとりの社会の場が、その人々の物の考え方・感じ方を異なるものとしてしまい、聖書に接近する場合に、もってくる問いがそれぞれ違ってしまう。したがって、聖書から汲み取る答えも違ってくる。高教会派と会衆主義の人々の聖書解釈の違いは、こういう所からも来ているのである。この違いを解消し、正しい聖書解釈が何であるかを決めるのは、またしても互いの話し合いを通して、どちらが聖書からより豊かに答えを引き出しているかの実感である。

神をどのように考えるか　さらに、私たちがここで考えておかねばならないもう一つの問題がある。それは、神をどのように考えるか、という神観の問題である。直接に私たちの魂に神の霊（聖霊）が働きかけて下さるというピューリタンたちの考えでは、神は、人が人に直接に働きかける仕方で、人格的に人間に向かい合って立つ存在として考えられている。つまり、擬人論的に考えられているのである。それに対して、私がハイラーの言葉を借用して霊的物質主義的であると表現した高教会派では、神の恵みはきわめて神秘的に、人間の魂の中に浸透してくるもの、その上で人間を内側から変えるものと考えられており、非人格的な神観が目立つ。

しかし、高教会派の神観といえども、そこから人格的な神、擬人論的にしか言い表せない神の姿を全く取り去ってしまえば、それはキリスト教の神ではなくなってしまうであろう。そこには汎神論的な神秘主義しか残らないであろう。また、ピューリタンたちの神観に目立つ、人格的存在である神の姿も、神が人間と全く同じ一人格であると言っているのではなく、神を表現するには少なくとも人格的表現が必要であり、実は神は人格的表現に表される以上の崇高な存在である、と主張するものなのである。したがって、ピューリタンたち（特にクエーカーはこの点で顕著であるが）も、人間の魂の中に神の霊が入り込み働いて下さる、ということを強調するのである。すなわち、神は人間にとって、もう一人の人間のように向かい合って立つ存在であるばかりではなく、こちらの内にも入り込んで私たちの意志を内側より動かして下さるような存在なのであるが、その場合、私たちが内側で働いて下さる神の恵みを表現するために使用する言語は、向かい合って立つ神を表す人格的言語（愛して下さる、助けて下さる、命じられる、など）とは違って、非人間的言語（聖霊に満ちあふれる、心が神の霊によって熱せられる、など）を用いざるを得ない。それらが非人格的言語である点では、高教会派が使徒継承の管を伝わってくる水のような神の恵みについて語る場合と似ており、魂が杯のように考えられて、神の恵みを水のように受け入れ、それがあふれるほどである、というような物質にたとえた表現となる。

しかし、共に非人格的表現を用いているからといって、高教会派の霊的物質的表現とピューリタンの物質的比喩的表現とを同一視することはできないであろう。前者はあくまでも、信者個人の主体性よりも重要なものとして原始キリスト教より流れ出てくる神の恵みを考えており、人間はその恵みの水を飲むことによってだけ救われるのである。ここでは、物質的表現は人格的表現に対して優位に立っているが故に、ハイラーの霊的物質主義というそれに対する批評は当たっている。ところが、ピューリタンの場合には、向かい合って立つ人格的な神が優位に立ち、その神に応答する主体的人間の人格性が強調される。そして、人間同士の友情などにおける互いに外側から与え合う影響とは違う、神の愛の圧倒的な、人間の意志の奥底まで染み込んできて、その人間をこれまで以上に自由な・主体的存在にしていくような恵みを表現するために、恵みが物質的表現で語られているのである。それは、人格的表現を超えた神の働きを表現するための非人格的言語が、物質的比喩以外に見つからないが故の、やむを得ない物質的表現なのであって、人格的表現以上のものを志しているのであるが、高教会派の物質的表現は人格的表現以下の非人格的表現である。

　以上のように神と人間との関係を表すに当たって、高教会派もピューリタンも共に非人格的表現を用いて神秘主義的であるが、両者の神秘主義は、表現が同じであっても実質は異なる。私たちはこれから、この書物の主人公であるジョン＝ウェスレーにおいて、これら二つの神秘主義がどのように互いにせめぎ合い、どのように交錯し、結局はどちらが優位を占めるに至ったかを見ることにしよう。

II　エプワースの司祭館

ウェスレーの家系

ジョン＝ウェスレーの誕生は一七〇三年六月一七日（グレゴリオ暦によれば二八日）で、彼は一七九一年三月二日に八七歳で世を去ったのであるから、その活動の時期は一八世紀の産業革命の進展と大きく重なり合う。彼の父はサムエル＝ウェスレー（Samuel Wesley）、母はスザンナ（Susanna）であったが、二人の間には一九人の子供があり、そのうち八人は早く死んだ。一九人のうちジョンは一五番目、有名な讃美歌作者となったチャールズ（Charles）は一八番目であった。サムエルとスザンナ両者の家系を詳しくここに紹介することはやめるが、少しは触れておく必要があるだろう。

祖父ジョン＝ウェスリ

ジョンの父方の祖父は同名で、ジョン＝ウェスリ（John Wesly——彼は自分で Wesley とつづらずに Wesly と書いた）と称したが、一六三六年生まれで、オックスフォード大学で神学や東洋の諸言語を学び、一六五五年に学士の、一六五七年には修士の学位を受領している。そのあと、メルコム－レギスにあった非国教会派の会衆に所属し、巡回伝道者として近隣の村々で説教した。一六五八年には、ドーセットシャーのウィンターボーン－ホワイトチャーチという村の国教会司祭となった。

祖父ジョン＝ウェスリ

通常、国教会の司祭となるためには、その教区の主教による按手《あんしゅ》礼という儀式（司祭となる人物の頭に主教が手を置いて、司祭に任命する儀式）を必要とするのであるが、ジョン＝ウェスリはこの按手礼なしに司祭となった。それは、ウィンターボーン－ホワイトチャーチの、国教会に所属していた教会の会員たちの希望によったものであったが、こんなことはピューリタン革命の時期であったからこそ起こり得た事柄であった。しかし二年後にはチャールズ二世による王政復古がなされ、ブリストルの主教ギルバート＝アイアンサイドにその点をとがめられたが、ウェスリは聖書の「ローマの信徒への手紙」一〇章一五節「遣わされないで、どうして宣《の》べ伝えることができよう」を引用し、自分が主教の按手礼によって司祭となり、主教によって教会に遣わされた人間ではなく、神より直接に遣わされて司祭職にある者であることを主張した。ここに第Ⅰ章で述べた高教会派とピューリタンとの司祭職に対する考え方の相違が歴然と現れている。

しかし、遂にウェスリは一六六二年にその教会を去らざるを得なくなり、その後は非国教会の信者の小さな群の牧師をしたり、巡回伝道をしたり、家庭教師に雇われて生活の糧《かて》を得たりしながら、家族を養いつつ迫害にもめげず伝道者の生涯を全うし、三四歳の若さで一六七〇年に死んだ。

ジョン＝ウェスレーの祖父ジョン＝ウェスリが、初め独立派の会衆に所属していたということは、国教会の外にいたピューリタンの説教者であったことを意味したのであるが、後に一時期ではあったが国教会の司祭となり得たのは、その時期に国教会がピューリタン革命のお蔭でピューリタン的になってしまったからである。ウェスリが自分のピューリタン的信仰の節操を売ったわけではない。そして、彼がやがて国教会を去らざるを得なくなったのは、王政復古によって国教会の主導権がカルヴァン主義の人々の手から奪われてしまったからである。このようにジョン＝ウェスレーの祖父は、ピューリタン革命と王政復古という、イングランドの激動の時代をピューリタンとして節操を貫き通したのである。

気性の激しい父サムエル

ジョン＝ウェスリが死んだ時に、ジョン＝ウェスレーの父サムエルは八歳であった。サムエルは一六六二年一二月一七日の生まれである。勿論彼の幼・少年時代の環境は苛酷なものであった。一五歳の時まで、彼はドルチェスターにあった無月謝の学校に通ったが、成績が良かったので、非国教会派の友人たちの助けでロンドンにあった非国教徒の専門学校《アカデミー》に入学することができた。さらにそこからストークニューイングトンの専門学校に移ったが、そこでの同級生には後に『ロビンソン・クルーソー』の著者として有名になったダニエル＝デフォーがいた。

専門学校、つまり「非国教会派アカデミー」は、フランスほどではないにしても、当時のイギリス国民の間に文化的な裂け目が存在していたことの証拠である。国民のある部分が、偉大な文化的遺産から遮断《しゃだん》されていたのである。厳しい社会的階級の差別、また教育制度上のあつかいの相違が存在したのであるが、後者に関して言えば、国教会に属していた者だけがその子弟を名門校のイートンやウィンチェスター、オックスフォードやケンブリッジに送った。それに対して「第二市民」であるにすぎなかった非国教徒は、彼らにとって大学の代用であった専門学校にその子弟を送ったのである。これらの専門学校では、地主貴族の知的伝統はあまり尊重されたり保存されたりすることがなかった。そこで、他にも多くの社会的制約を受けていた非国教徒は、いきおい発展しつつあった商工業と結びついていった。

父サムエル

以上の社会的差別の論述はハーバート＝バターフィールドの研究に負っているものであるが、確かに現実はこの通りであったと思うけれども、これから述べるサムエル＝ウェスレーの国教会への転籍を、一人の青年が社会的に心地よい上層階級に移行しようとしたもの、自分の信仰を裏切ったものとみなすことは、あまりにも彼に対して公正ではないだろう。ストーク‐ニューイングトンの専門学校で、ある時サムエルは非国教徒の立場に対する国教会の側からの反論を論破し、その誤りを指摘しなければならないという課題を与えられた。この課題に取り組んでいるうちに、彼は、国教会の側からの反論こそ正しいという結論に到達してしまった。この時にサムエルは二一歳であったが、激しい気性の持ち主である彼は、自分の家族や自分の抱いてきた信仰が誤りであったことを理解した以上、専門学校に留まっているわけにはいかなかった。一六八三年八月のある朝、苦労して貯蓄した四五シリングほどの金をポケットにもって、彼はオックスフォードに向かった。そして、最初はエクセター＝カレッジの特待免費生となり、学業のかたわら家庭教師などをして必要経費をかせぎ、やがて卒業したのである。

具体的にどういう理由でサムエルが国教会の立場が正しいと結論するようになったかは、彼がそれについて書き残したものが存在しないので明らかではない。したがって、後の彼の発言や行動から、私たちはそれを推測するより仕方がない。

高教会主義への転向

彼はこの時より高教会派の立場に立つようになったのだが、その高教会主義は恐らくドイツの著名なウェスレー研究家マルティン＝シュミットが言うように、ウィリアム＝ロード主教の系列に属するものではなく、確かに使徒継承の主教制をキリスト教のおもな支柱と信じるのではあるけれども、その支柱を厚く取り巻く幅広い伝統的なものに、むしろ目を向けているようなランセロット＝アンドルーズ主教の系列に属していたと見るのが正しいであろう。つまり、国教会の正しさを主教制や教会法規の中に見出しつつも、それ以上に、初代教会との伝統の連続性や、ローマ＝カトリック教会や東方諸教会（ギリシア正教やロシア正教など）との伝統的・制度的一致の中に見出したのであろう。しかし、もちろん彼は、教会と国家との関係については高教会主義に立つ者として、国王への忠誠を信仰的に正しい態度であると判断していた。サムエルが司祭の按手礼を受けたのは、一六八九年の二月であった。

いわゆるサッシヴェレル事件に対するサムエルの態度にも、彼の高教会主義が明らかに見られる。一七〇九年に聖パウロ教会において司祭ヘンリ＝サッシヴェレルは国王への無条件的服従を要求した説教を行い、当時のホイッグ党の政府、また、非国教主義者たちを激しく攻撃した。そのためサッシヴェレルは議会に呼び出され糾弾されたのであるが、サムエルは一七一〇年にサッシヴェレルを弁護した文書を書いている。

ところで、議会よりも王権を支持する活動の故に、サムエルは若干の貴族たちの庇護を受けるようになったが、その中には後のバッキンガム＝アンド＝ノーマンビー公爵のごとき人物もいた。サムエルがリンカーンシャーのサウス＝オルムスビーに少しばかりの給与をもつ司祭職を得ることができたのは、この公爵のおかげであった。

非国教会派の牧師サムエル＝アンスリー　一六八二年にロンドンで行われた友人の結婚式に出席したサムエルは、そこでアンスリー家の人々と知り合いになった。そして、一六八九年にはサムエルは、同家の一番若い娘、当時二〇歳のスザンナ＝アンスリーと結婚したのである。

ところで、サムエルにおいてピューリタニズムから国教会高教会派への転向を見た私たちは、ジョン＝ウェスレーの母親たるスザンナにおいても同様のものを見るのである。

スザンナの父サムエル＝アンスリーは、著名なピューリタンで『聖徒の永遠の休息』の著者、リチャード＝バクスターの親友でもあった非国教会派の牧師であった。彼は一六二〇年にケニルワースで富める地主ジョン＝アンスリーの一人息子として生まれた。したがって、彼は多くの非国教会派の牧師たちと同じように、チャールズ二世が王政復古をなしとげて一六六二年に出した「統一令」に同意することを拒否したがために司祭職を奪われたにもかかわらず、親譲りの財産の故に、俸給なしでも生活できたのである。また、彼の祖父フランシス＝アンスリーは、ジェイムズ一世とチャールズ一世の治下、アイルランドにおいて、多くの行政上の功績をあげたが故に、マウントノーリス男爵となり、後にヴァレンシア子爵となった人物である。フランシスには二人の息子があり、長男アーサーは後にアングルシー伯爵となったイギリス貴族であったが、自己の地位を利用してピューリタンたちの利益のために奔走した人物であった。次男がジョン＝アンスリーであった。

ジョンの息子サムエル＝アンスリーは背丈の高い、みるからに堂々たる人物であったらしいが、四歳の時に父を失っている。一五歳でオックスフォードのクイーンズ・カレッジに入学し、一六四四年に司祭となる按手礼を受けた。七年間ほどグレイヴセンドの近くのクリフという所で司祭として働いたが、一六五二年にロンドンに出てきて、最初はフライデイ・ストリートの福音者聖ヨハネ教会の司祭、後に一六五八年からクリップルゲイトのセント・ジャイルズ教会の司祭となった。そこでのピューリタン神学に基礎づけられた彼の説教は、大変な成功であったようである。一六六二年の「統一令」のためにその地位を追われてからも、彼はロンドンの非国教会派の人々の牧師となり、後にはリトル・セント・ヘレンに会堂を建設して一六九六年一二月三一日の死に至るまで、ロンドンにおける非国教会派の元老的存在として牧会し続けたのであった。

国教会と少しも妥協せずに伝道者として生き抜いてきたサムエル＝アンスリーにとって、自分の娘のスザンナが、非国教会派に対する裏切者とも言える国教会司祭サムエル＝ウェスレーと結婚するということは、表面に表さなかったとはいえ、大きな心の打撃であったであろう。スザンナが自分の将来の夫たるべきサムエル＝ウェスレーと最初に出会ったのは、ジョン＝ダントンと姉エリザベスとの結婚式においてであったが、彼女は、その時一二歳であった。サムエル＝ウェスレーはまだ非国教会派のミスター・ヴィールズ・アカデミーの学生であったが、既に国教会の立場のほうに理があるのではないかと思い始めていた。そして、このころには既に、スザンナもサムエルとは関係なく自らの判断で同じように国教会と非国教徒との関係を考えていたのである。そのため二人の間には、研究者ニュートンが言うように「愛も神学的一致も共に成熟していった」のである。スザンナはこのような自分の神学的模索の途上、ほんの一時的ではあったが、ソッツィーニ的異端に陥ったことがあったが、それをサムエルが正統的立場に導き返した。これもこの時期のことであった。ソッツィーニ的異端とは、聖書に基礎を置きながらも神が三位一体の存在であることを否定し、イエスの復活もその神性の故ではなく、人間としてイエスが立派に愛の人として生き抜いたことに対する神からの当然の報いであったとする、合理主義的色彩の強い異端であった。

ところで、サムエルの所属していたミスター―ヴィールズ―アカデミーが閉鎖された後、彼はストーク―ニューイングトン―ディセンティング―アカデミーという同じく非国教徒の教職養成機関に所属していたが、サムエルがオックスフォード大学のエクセター―カレッジへの逃避行を行ったのは、このアカデミーからであった。そして、こういうことはすべて、サムエルがスザンナと出会ってから一、二年の間に起こった出来事なのである。

宗教に関心の深い母スザンナ

スザンナは一六六九年一月二〇日に二五番目の子、両親の最後の子供として生まれた。彼女は幼いころより意志の強い、独立心に富んだ子供であったし、学問好きでもあった。フランス語も比較的早い時期に読むようになったし、哲学や文学を好み、宗教には深い関心をもっていた。ずっと後になって、スザンナはそれまでの自分の生涯を回顧していくつかの特別な神の恵みを列挙し、それらを書きつづったことがあったが、その中に、「信心深い正統的信仰の夫を与えられたこと、まず彼によってソッツィーニ的異端から導き出されたこと、さらにB・Bによってその確信を固められ強められたこと」という言葉がある。ここにB・Bとあるのは、スザンナが一五歳の時に『ニケア的信仰の擁護』という三位一体論に関するすぐれた書物を出版したブル主教のことであろう。一二歳より一五歳ころまでのスザンナは、ソッツィーニ的異端から個人的にはサムエルの影響により、自分の勉強においてはブル主教の書物などにより脱出し得たとはいえ、当時の理性主義的雰囲気に相当色濃く浸透されていた。スザンナは、既に引用した彼女自身の言葉からも明らかなように、結婚生活に入ってからはますます高教会的信仰を深めていったのであり、あとで述べるように臣従拒誓者的信仰をもつまでに至ったのであるが、しかし、若きころの彼女への理性主義の影響は生涯残っていたと思われる。娘のエミリアにスザンナが書き送った手紙の中には、次の言葉がある。

母スザンナ

「私たちの救い主が、自然宗教以外の何かを教えられた、とあなたは考えているのですか。もしそうなら、あなたは間違っています。というのは、真の宗教は唯一だからです。ちょうど、真の宗教の至高の創造者、また、その対象たる全能の神が唯一であるごとくに。また、イエス＝キリストの宗教と、パラダイスにおけるアダムの宗教との間にも、本質的な相違は全く存在しません。……一言で言えば、私たちの救い主がこられたのは新しい宗教を私たちに教えるためではなく、古い自然宗教を回復して、私たちを再び正しい理性の指導の下におくためです。もちろん、聖霊の指示と援助によってですが」。

トーランドとティンダルの理神論

スザンナがここで言及している「自然宗教」は、当時の理神論（deism）と言われた思想傾向と深くかかわる言葉である。一七世紀のイギリスにおいて近代科学の基礎を据えた人物として、第I章で私はアイザック＝ニュートンの名を挙げたが、彼は宇宙を機械的法則によって支配されるものとみなした。そういう宇宙観や、経験主義の哲学者ジョン＝ロックが宗教に合理性を求めたこと、また、一七世紀の宗教戦争や革命への嫌悪、ヨーロッパの外の国々の文化や宗教との接触などが相重なる原因となって、一八世紀には合理的なキリスト教への要求が高まり、理神論が出現したのである。

本格的な理神論論争は一六九六年に出版されたジョン＝トーランドの『神秘的でないキリスト教』によって始まった。当時の合理主義的精神とキリスト教的敬虔を統一した著書として、この書物は高く評価されてよいものであるが、その合理主義をさらに推し進めたものが一七三〇年に出版されたマシュー＝ティンダルの『創造と共に古きキリスト教』であった。それによると、古来のキリスト教が、神が超自然的な仕方で直接に人間に教えて下さる――この教えて下さる出来事を啓示（revelation）と言ってきたのだが――とした真理は、人間が生まれながらにもっている理性の力によって探究されるものと同じであって、理性によって明らかにし得ないキリスト教の教えは価値のない迷信にすぎない。神が天地を創造された時に人間に与えられた宗教は、このような理性によって知られる宗教であり、これを自然宗教と言うが、これからはずれているものは誤った宗教である。奇蹟が起こるところに真の宗教が存在するという従来のキリスト教の主張は、理性で知ることのできない真理、超自然的な啓示の真理の正しさを奇蹟によって保証しようとするのであろうが、実はこういう試みは創造者である神への冒瀆《ぼうとく》にすぎない。というのは、創造者がみごとに造ったこの世界は、完全な機械的法則に従って動いており、創造者がその法則を一時的にでも破って介入することはないからである。すなわち、従来よく言われてきたように、徹底した理神論においては、神は時計造りであり、世界は時計のようなものであって、動き出した時計は一秒ごとに時計造りの介入がなくても、電池がその蓄えを使いつくすか、巻かれたねじが切れるかするまで動くのである。

このようにティンダルにおいては、超自然的な啓示などというものは存在しないで、すべての真理が理性によって獲得されるのであるが、それに対してティンダルの前駆とも言ってよいトーランドにおいては、人間の理性は神の恵みに浸透されてこそ、その能力を十分に発揮するものなのである。彼は自分の立場を神秘的でないキリスト教を提唱するものと規定しているが、彼の言う神秘とは、新約聖書の中で奥義と呼ばれているものと同じである。奥義とは、知られた時には理性的に理解されるものであるが、まだ知らされたり示されたりしていないもののことである。

一例をあげれば、パウロは異邦人（イスラエル以外の人たち）もイスラエル人も神の前には差別なくその恵みにあずかりうるという時に、これをイエスにおいてはじめて示された奥義であるといっている。すなわち、イエスの到来まではそのことは理解されなかったが、しかし、示されればそれは理解の対象になり、神秘ではなくなる。キリスト教が神秘的なものではないというのは、啓示された以上、キリスト教の福音は全く理性的理解の対象となりうるものであるとの意味である。そして、当時のピューリタン的カルヴァン主義者たちが言っていた全的堕落の教理のように、人間は人類の始祖アダムの堕罪の結果、その罪性が遺伝し、人間のあらゆる部分が全く汚れ、理性も汚れているので、神の真理は理性の能力では理解されないが故に、そこに神秘が残るという立場に対して、トーランドは反対したのである。

トーランドによれば、もしも私たちが理性で把握しえないものをこの世の中に少しでも認めるならば、私たちが理性能力で把握しうるものが一体存在するのか。同じ理性を使用するものであるならば、その理性能力が真理のある一部には通用しないという論法は、それが他の部分には通用するという論法をも究極的には成立させない。一部で通用しないものは全部にわたって通用しないものであるかもしれないからである。そういう論理から、全的堕落の教理において理性能力への疑惑を強く表明していた当時のカルヴァン主義者に反対したのである。彼にとっては、啓示は理性による理解の対象になるものであった。トーランドは理性を定義して、理性は既に理解されているものから類推して、理解されていなかったものを理解されるものに変える力であるとする。したがって、それまでイエスにおいて啓示されなかった真理は神秘であったが、それがイエスにより示された以上は、理性によって理解されうるものなのである。真理が福音によって私たちに開示された以上、それはこの世の中での真理となったのであり、その真理は全的に私たちの理性理解の対象であり、そこには理性に反するもの、それを超えたものはないはずなのである。それゆえにキリスト教の教理の中には、正当な意味で神秘と呼ばれるものは存在しないのである。

つまり、トーランドには伝統的なものから切り離されていない理性主義がみられるのである。神の恵みに浸透された理性という考えにおいては、自然――理性はこれに属する――は恩恵に支えられてこそ本当の自然でありうる。したがってトーランドにおいては奇蹟も存在しうることとなる。神が恵み深い存在であり、私たちの全存在、また、この世界を支配する能力をもつものであることを私たちが啓示によって理解すれば、自然の法則と言われているものを神が一時的に破って介入してくることも理性的に納得できる事柄なのである。

以上のような理神論の種々相を念頭に置きながら、スザンナの自然宗教への言及を振り返ってみる時に、それがどちらかというとトーランドの主張するような理性の尊重に近かったことは明らかである。しかし、それは、トーランドの主張そのものをスザンナが復誦しているということではなく、彼女の立場が啓示の意義を十分に認めつつ、当時の理性主義もできうる限り取り入れているということである。

スザンナの理性主義

スザンナにとっては、理性のもたらすものはキリストについて教えてくれないが故に人間に救いをもたらす知識ではないにしても、啓示によらないで人間は生まれながらの理性の力によって、神が存在しているという程度の知識は獲得しうるのである。ところで、スザンナ研究家のニュートンは、スザンナのこのような理性尊重に当時の理性主義からの影響を認めないわけではないが、どちらかというと、スザンナが育てられたピューリタニズムの一つの遺産としてその理性尊重を解釈することにより、スザンナの理性主義を信仰にとり健康なものであるとして私たちに印象づけようとする。こんな回りくどい論議は必要がなく、スザンナの理性尊重が、ピューリタニズムからの遺産でもあり、当時の理性主義の影響でもあると考えて、私たちにとっては差し支えないと思う。神が私たちの内側に入り込んで働いて下さると信じたピューリタニズムには、人間の理性に神の霊が働いて、それを強めて下さるというような、理性尊重が当然のこと見られるのであり、ピューリタニズムと理性主義とは必ずしも相反しない。

しかし、ニュートンが、スザンナの理性尊重はピューリタニズムの場合のそれと同じく三つの仕方で牽制されているという時、私も同意する。すなわち、第一にスザンナは、理性の能力範囲を注意深く限定したし、第二に彼女は、神の本性・意志・目的のもつ神秘の前に深い畏敬の念をもっていたし、第三に彼女は、聖霊によって与えられる、照明し、励ます恵みを強調したのである。したがって、スザンナにとって理性は独裁君主というよりは、いろいろな仕方で抑制され均衡を保たせられている立憲君主のごときものなのである。生まれながらの理性は、神が存在することについて、人間の神に対する、また、隣人に対する義務に関する多くの事柄について教えてくれるが、なぜ人間性がこれほどまでに腐敗しているのか、どうしたらそういう人間を救うことができるのかについては何も教えてくれない。理性は、受肉（神のロゴスが人間イエスに宿ること）・贖罪（イエスの十字架上での死が、罪人である私たちの身代わりの死であること）・霊魂の不滅・世の終わりの審判・三位一体・神の摂理について人間に教えることはないのである。こういう仕方でのスザンナの理性は、そのまま息子ジョンの神学に見られる理性尊重であるといっても誤りではないであろう。

スザンナの国教会復帰　スザンナが国教会に復帰したのは一六八三年のことであるが、それは彼女の父サムエル＝アンスリーが「統一令」に服せず非国教徒となったあの一六六二年を、遠い昔の出来事と思わせるに十分な時間的距離をもっていた。しかし、スザンナの育った家庭では国教会と非国教会派との問題について、家族間でも、また、父親の集会の信徒たちや友人たちの間でもしばしば議論されたことは疑いの余地がない。それゆえに、幼いころからこの問題について知らされていた早熟のスザンナが、これについて深く考えなかったはずはない。自分の生まれる前に起こったこの不幸な出来事を、ニュートンの言うごとく、彼女は恐らく当事者たちとは違った冷静な気持ちで考え直さざるを得なかったであろう。さらに、彼女の目には、激しい論争と分裂とを重ねていく非国教徒たちの姿が映ったことであろうから、スザンナの国教会復帰の理由としてニュートンが書いているところが恐らく正しいであろう。ニュートンは二つの理由をあげている。その第一は、スザンナが非国教会派に対して強く幻滅を感じたこと、その第二は、それと対照的に彼女が国教会のもつ総合の魅力にとらえられたことである。国教会の秩序整然たる礼拝、古代キリスト教から国教会に至る伝統の一貫性の主張、その穏健であることの知恵などは、確かにスザンナを引きつけたであろう。そして、当時のロンドンには、非国教徒たちに対しても融和的であった穏健な国教会の司祭たち――彼らは著名な説教者でもあった――がいたことも、私たちは忘れてはならない。スザンナは彼らの説教を度々聞いたであろうからである。彼らの説教の中にスザンナが見ぬいた穏健さは、恐らくは彼女の父サムエル＝アンスリーの敬虔と似たものではなかったか。サムエル＝アンスリーは確かに非国教会派の説教者であり、しかもその指導者の一人であった。しかし、彼は会衆主義者ではなかった。彼は穏健な長老主義者であって、国教会が長老主義教会になることを望んで、一六六二年までは内側にとどまり改革しようとしていたのである。なるほど彼はチャールズ一世に対して強い批判的態度をとったが、しかし、彼は王の死刑には激しく反対し、「その忌まわしい殺人」を憎みきらい、それを公言してもいた。このように考えてくると、スザンナの国教会への復帰は、表面的には父親のピューリタニズムへの裏切りと見えても一概にそうとは言えなくなってくるのである。

しかし、ニュートンのように、スザンナを全くピューリタン的な信仰の持ち主であったとするのも、真実から外れているように私には思える。スザンナの国教会復帰は、確かにピューリタニズムへの裏切りとは一概には言えないのであるが、私たちは、彼女がやはり父親の集会を去り国教会信徒になったという事実も忘れてはならないであろう。また、私たちは、彼女が国教会の中でも高教会主義の臣従拒誓者の立場に、徐々にではあっても近づいていったことを覚えなければならない。しかし、そうかと言って、逆に成熟したスザンナの信仰を全面的に臣従拒誓者的なもの、高教会主義的なものとして理解するのは真実から外れている。この点では、私たちは、ニュートンの研究から多くを教えられるのであって、彼女にはピューリタニズムの影響が生涯つきまとっていたのである。スザンナの信仰のある面をピューリタニズムからきているものとするか、高教会主義的なものとするかに関する判断の困難さは、一つには、私の見るところでは、既に第I章でも述べたように、ピューリタニズムも臣従拒誓者的高教会主義も共に聖書の中に表現されている原始キリスト教の姿への憧憬をもっていたという事実からきている。このことは、ジョン＝ウェスレーについても同様に言えるのである。この点で私に興味を覚えさせるのは、オックスフォード時代のウェスレーをカーカム家を中心としたコッツヴォルズに住む友人たちが、「原始キリスト教」というあだ名で呼んだことである。スザンナやジョンの思想や神学のある一面が、ピューリタニズムの伝統に立つものとしても、高教会主義的な立場に立つものとしても、同様に見事に解明され説明しつくされてしまう時に、私たちはその一面が前者から由来するものなのか、あるいは後者から由来するものなのか判断に苦しむ。実はその一面は、前者にも後者にも共通している原始キリスト教への憧憬から説明しなければならないものである場合が多いのである。

エプワースでの生活

歓迎されざるウェスレー一家

サムエル＝ウェスレーとスザンナとの結婚式は、一六八九年に行われたが、日付と場所は明らかではない。一六九七年に、夫妻はリンカーン州のエプワース村に移ってきた。この司祭職は、サムエルの忠誠に対する報いとして、オレンジ公ウィリアムの妻、メアリー女王自身の死ぬ前の指名による。エプワースは、トレント・ドン・アイドルと呼ばれる三つの川に囲まれた沼地の中にあった。住民たちはおもに農業や漁業で生計を立てていた。彼らは大部分反体制的であったが、それには理由があった。王室の財政を少しでも豊かにする意図からであったと思われるが、一六二六年にチャールズ一世は、コーネリウス＝ファーマイデンという人物だけにこの付近の土地を干拓する権利を与えたのである。そして、このように埋め立てられた土地の三分の一は国王に、三分の一はファーマイデンに、残りの三分の一が住民に属したのである。これは国王とファーマイデンの間の契約によってなされたのであったが、この契約は、住民に対して一切相談なくなされたものであった。これを国王による自分たちの土地の収奪であると感じたエプワースの住民たちは、それ以後ことあるごとに政府の権威に従わなかった。例えば、税吏は一人びとり皆、住民たちによってひどい仕打ちをされ、その家に火つけをされた者もあった。他から移り住んできた人々が歓迎されるような土地柄でない上に、サムエル＝ウェスレーがエプワースに移ってきたのは王室の庇護によることなのであるから、ウェスレー一家を住民たちが歓迎するわけがなかった。

両親の危機

ところで、エプワースの住民と司祭館との間に紛争があっただけでなく、司祭館に住む夫婦の間にも揉事《もめごと》があった。二人は一七〇二年の初めに、その後の生涯を別居して過ごすかどうかという危機を迎え、実際にサムエルはその折、スザンナから約一年も離れて生活したのである。この二人の別居事件は、既に述べた高教会派内部の分裂にその原因をもっていた。サムエルのほうは名誉革命を支持し、ウィリアムとメアリーに忠誠を誓ったのに対し、スザンナはジェイムズを正しい王とする臣従拒誓者のグループに属していた。別居の直接の原因は、家庭礼拝においてウィリアム王に対する祈りにスザンナがアーメンを唱えなかったところにあったのである。

その時の情景をスザンナが描写しているが、それによると、サムエルは「スーキー（スザンナの愛称）、もし私たちが二人の王をいただいているなら、別々のベッドに寝るべきである」と叫びそこにひざまずいて、スザンナが神の赦しを願い求めるまでは、サムエルはスザンナに触れたりベッドを共にしたりはしないし、もしも彼がそれを破った時には神の罰が自分と自分の子孫にくだるよ

エプワースの司祭館

うにと神に祈った。ところで、サムエルとスザンナの不和に関しては、後にジョン゠ウェスレーがスザンナから事情を聞いて、それをまたアダム゠クラークに話し、クラークが記述しているものが通説であったが、一九五三年にスザンナの若干の手紙が発見され、クラークの記述が必ずしも正確でないことが判明している。クラークの記述によると、スザンナがウィリアム王のためのサムエルの祈りにアーメンを唱和しなかった朝の祈りの後、サムエルはロンドンに向かって出発し、その年中エプワースの司祭館に帰ってこなかった。そのための良い口実をサムエルはもっていた。というのは、サムエルはリンカーン教区を代表し大主教会議に出席する委員として、それまでもしばしばロンドンに滞在したからであった。翌年一七〇二年三月八日にウィリアム王が死に、女王アンが即位したが、女王アンに関してはサムエルもスザンナも共に正統の王と認めることができたので、両者の結婚生活は元どおりになったのである。

スザンナの手紙

しかし、発見されたスザンナの手紙に基づいたニュートンの研究によると、ウェスレーのクラークへの説明は、不和の期間の長さを誇張して話していると共に、不和の重大性を軽く見すぎているのである。夫サムエルがロンドンに去ってしまった後、あまりの悲しみに襲われたスザンナは、自分と同じく臣従拒誓者たる司祭たちを支持している友人、レイディー＝ヤーボローに慰めと助言を求めている。レイディー＝ヤーボローはスザンナの承諾を得て、彼女のサムエルに対してとった行動の是非を著名な臣従拒誓者ジョージ＝ヒックスに尋ねた。発見されたスザンナの手紙は四通あって、二通はレイディー＝ヤーボローに、他の二通はヒックスにあてられたものであるが、これらを通読しての印象は、ジョン＝ウェスレーがクラークに告げたごとくには、スザンナが自分の信念において、確固としていたわけではなかったということである。夫に対し妻として愛をもって服従しなければならないと告げるスザンナの良心と、どうしてもウィリアムを神授の王権をもつ正統の国王と認め得ないことを告げる彼女の臣従拒誓者的高教会主義の良心とが激しく争っていたのである。また、ジョン＝ウェスレーの言ったようには、ウィリアム王の死はサムエルの態度を変えてはいない。彼は、スザンナがウィリアムを国王であると、あるいは、あったと認めるまでは、彼女と夫婦生活をしないと神に誓約したのであった。サムエルは、海軍のチャプレンになるとまで決心していた。悩み切っていたスザンナの手紙に対し、敬虔な、偉大な人物であった臣従拒誓者の主教ヒックスは答えて、彼女が自分の良心に固く立って神に仕えるように励まし、サムエルは神の前に行ったスザンナとの結婚の誓約を破っているとなした。そして、スザンナにヨークの大主教とリンカーンの主教に相談し、サムエルにエプワースにもどるように忠告してもらうことを助言している。

妻としての夫への義務や子供達への責任などを考えて、サムエルに服そうと決心しかけたスザンナのところへヒックスの手紙は到着したのであったが、幸いなことにスザンナがヒックスの助言に従ってヨークの大主教やリンカーンの主教に助力を願い出る前に、サムエルはスザンナのところに帰ってきた。サムエルは旅の途中偶然に出会った司祭の理解あるすすめに従って帰ってきたのである。二人の和解の結果、生まれた子供がジョン＝ウェスレーであった。

父親サムエルのジョンに対する影響を実際より低く評価することになっては困るが、ジョンの成長にきわめて大きな影響を、感情的にも思想的にも与えたのは、このすぐれて知的で敬虔な母親スザンナであった。

勇敢で変わり者の父サムエル

エプワースの住民たちがウェスレー一家を初めから歓迎しなかったことは前に述べたが、住民たちの仕打ちはひどいものであった。サムエルの所有地の作物を焼き、家畜をかたわにし、恐らくは司祭館に火つけもしたと思われる。この中でのサムエルの勇気は、私たちを感心させる。神の与えて下さった部署を捨てるような卑怯な振舞いはできないと言って、頑強に司祭としての仕事をなし続けたのであるが、しまいには住民たちも勇敢で変わり者のサムエルとその家の人々に慣れてしまい、わずらわすことをやめてしまった。

またサムエルは、なかなかの学究でもあったたし、残念ながら二流としか言えないけれども、詩人でもあった。何回も「アセニアン－ガゼット」に寄稿しているが、一六九三年にはキリストの生涯を詩の形で書き出版したし、死後に出版されることになってしまった旧約聖書の「ヨブ記」の研究書は、サムエルが何十年もの間、暇を見つけては書き続けたものであった。サムエルには気の毒な話が伝わっているが、この「ヨブ記」の研究書をジョンが亡き父に代わってカロライン女王に贈呈した時に、女王は「きれいな製本ですね」と言ったということである。

サムエルはまた気むずかしい人間であったが、信仰に支えられた愛の人でもあった。後に息子のジョンやチャールズが行った事柄の先鞭をつけるかのように、サムエルはオックスフォード大学の学生であった頃にしばしば牢獄の囚人たちにキリストの教えを説き、かつ慰めるために出掛けた。学生の頃の彼は食事も食べたり食べなかったりの貧しい生活を送っていたが、冬の寒いある朝、公園の生垣の下に、寒さとひもじさのために泣きくずれている七、八歳の少年から家の事情を聞き、自分のもてる金のすべてを与えたこともある。一九世紀の小説家チャールズ＝ディケンズが『デイヴィッド・コパーフィールド』に描いているように、イギリスでは殺人や窃盗などの犯罪で逮捕された人々ばかりでなく、借金を返すことができなかった人々も訴えられて牢獄に投ぜられたのであるが、家計をみるというような事務的な事柄に無能で、いつも負債に苦しんでいたサムエルも、一七〇五年に三か月間リンカーンの牢につながれたことがあった。三〇ポンドの負債を返せなかったために、彼に悪意をもつ人々に意地悪をされたのであった。ところが獄の中でサムエルは囚人たちにキリスト教を説き、ヨークの大主教シャープに悲惨な牢獄の模様を訴えている。

スザンナの教育法

もしもこういう事実から私たちが、ジョン＝ウェスレーはその幼年及び少年期をきわめて貧しい環境の中で送ったと想像するならば、それは誤りであろう。ウェスレー家は同じ階級の人々と比べれば確かにかなり貧しかったが、たいていの場合このエプワースの司祭館はやとい人を欠いたことはなかったし、サムエルは大主教区会議出席のためロンドンに行く旅費を出費することができた。私自身イギリスをウェスレーの足跡を訪ねて旅した折にエプワースの司祭館を訪れたことがあるが、ウェスレー家は貧しかったという私の先入観念が、田舎の風景の中に立つにしては立派な司祭館によって崩された経験がある。しかし、ジョンが、母親が次のように言わなければならなかった家庭で育ったということを、私たちは忘れてはならないであろう。一七〇五年にスザンナがシャープ大主教に書き送った手紙の中には、自分たちは食べ物にこと欠いたことはないが、「それでも、食べる前にそれを獲得するための苦労が大変で、食べてしまった後は、それを支払うのが大変ですので、しばしば食事は私にとってきわめて不快なものになりました」とある。

スザンナには、自分の健康上の弱さとの戦いもあった。彼女はいつもどこか身体の具合が悪かったが、それにもかかわらず主婦としての義務を立派に果たし、常に静かで快活であった。スザンナの子供たちに対する教育方法は一応禁欲主義的なものと言える。その目的は従順を教えることにあった。例えば、子供たちに非常に小さい時から、泣くならば静かに泣くようにと教えたり、走ったり騒いだりすることをやめさせたのである。また、子供たちは、一度贈物として与えられたものをけっして取りかえされることはなかったし、過ちを犯したときにはそれを告白すれば許された。子供たちの勉強もスザンナによって監督された。すべてが組織立ってなされ、神を畏れる心を育て養うためになされたのである。ニュートンは、スザンナが主婦としてエプワースの司祭館に形成していった雰囲気は、彼女が父サムエル＝アンスリーの下で育てられたものと同じピューリタン的な関係敬虔、すなわち、家族の構成員の相互関係に認められる敬虔であるとしているが、ピューリタニズムのみならず高教会主義も、家庭を一つの小教会とみなして、そこにおいても、聖書朗読、祈禱、教理問答が生活の中心となるべきことをすすめたのである。スザンナは、忠実にそれを子供たちのために実践したのであった。また、中世の修道院の規則立った生活の理念に培われて、高教会主義にもピューリタニズムにも見られるところの、日を時間割に従って送るという方法もスザンナによって採用されていた。

今日の常識から振り返ってみて、スザンナの教育方法は、子供の個性を伸ばすことを考えなかった、不自然なものであったと非難されるであろう。確かに多くの子供たちは母親スザンナの強さに依存し、成人してもその癖がぬけなかった。ジョンやチャールズにもそういう傾向が幾分見られるが、特に娘たちにおいてこの傾向が強かった。彼女たちは、当時としては高い教養をもっていたにもかかわらず、母親への依存心が強かったため、彼女たちの結婚生活はことごとく失敗に終わった。彼女たちはいつも自分の人生に責任をもつことを恐れていたので、こういう失敗に突き進んだのだが、どうにもならなくなるとエプワースの司祭館に逃げ帰ってきた。しかし、スザンナの教育法を簡単に非難する前に、ジョンやチャールズを生み出したのが、このような教育方法であったことを考えなければならないであろう。それに、教育の場においては、その方法ばかりでなく、教育者の人格が大きな役割を果たす。とかくするとスザンナの理知的で厳格な面だけが見られがちであるが、見逃してはならないのは、彼女の女性的なやさしさであろう。このやさしさこそが、ジョンやチャールズに、厳格な教育であったにもかかわらず、反抗心を起こさせなかったのであろう。ウェスレーはあるところで、自分の子供たちを見事に支配したスザンナが、自分の孫に関しては一人も支配できなかったことをおもしろく思って書いているが、これはスザンナのやさしい面でもある。

わがまま勝手の抑制

スザンナは哲学者ジョン＝ロックの諸著作を読み、それらに敬服していた。ジョン＝ウェスレーはロックの認識論から多くのものを得ていたのであるが、ジョン＝ウェスレーのロックの哲学への興味は、それが当時のインテリの誰にとっても、その教養のために知らねばならない思想であったというばかりでなく、母親から譲られたものでもあったであろう。「我意の克服」というスザンナの教育目標は、明らかに当時の進歩的なロックの哲学の教育論からきていたのである。もちろん、この目標たる我意の克服は、組織的に子供たちの意志力を破って、それをおびえきった卑しむべき従順の中に追いこむことではなかった。子供たちがあらゆる事柄において、勝手気ままに振舞うことを抑制したものであった。

だから、スザンナが人生における喜びの否定者であったごとくに言うのは間違っていると思われる。彼女は子供たちに、自分が育ったピューリタンの家庭においてそうであったように、遊びや娯楽を楽しませた。ニュートンの言うところによると、彼女は有名な『キリストに倣いて』を書いた一五世紀の修道僧トマス゠ア゠ケンピスを「正直ではあるが、弱い人間」と表現したそうであるが、それはトマス゠ア゠ケンピスがあらゆる楽しみを罪深いものとして退けたからであった。スザンナは子供たちに人間らしく生きることの自由を許さなかったわけではなく、娯楽も彼らの生活の中に正当な場を占めていたのである。後にジョン゠ウェスレーが回想の中で困惑したほどに。というのは、子供たちはトランプ遊びまでしたのであるから。

人間が自分自身の意志を行わずに神の意志を行うことがキリスト教の本質であるとスザンナは理解していたので、彼女にとって我意があらゆる罪と悲惨の根源であった。ところで、私たちはここでもう一つのスザンナの確信を取り上げなければならない。シュミットによると、それはスザンナに対するヘンリー＝スクーガルの書物『人間の魂における神の命』（一六七七）からの影響であり、この書物の中に見られるロマン主義的神秘主義の反映であるとのことであるが、スザンナは敬虔を喜びと、聖化（神の前に清い生活を送ること）を幸福と同一視しているのである。スクーガルのこの書物は、一七七〇年にジョン＝ウェスレーが省略版を出版しているところから見ても、彼に対しても影響を与えたものと思われるが、そこには一八世紀的啓蒙主義に見られるところの、人間が自己を実現し成就することを正しいとする思考が既に見られる。喜びや幸福という感情はもちろん自己否定ではなく自己成就であり、そういう自己成就が敬虔と聖化の本質をなすものと見なされている。この面から考えても、スザンナの言う我意の克服が人間らしさの喪失を意図したものでないことは明らかである。むしろ、真の自己成就を妨げるようなわがまま勝手を抑制することが、その意図なのであった。

ピューリタニズムの影響

スザンナは元来が活動的な性格であったが、深く、瞑想的な面もあった。また、彼女はなかなかの読書家でもあった。ソッツィーニ的異端から離れるに当たって、スザンナはパスカルの『パンセ』から良い影響を受け、生涯にわたって、彼女は『パンセ』の多くの言葉を暗記しているほどであった。ヘンリー＝スクーガルの『人間の魂における神の命』を好んで読んだことやロックの書物に通じていたことなどは前述したが、彼女はどれか一つの書物にしばられることなく、自分の魂の要求に従って読んだ。イタリア人のロレンゾ＝スクポリの『霊の戦い』も彼女の好きなものであった。スクーガルの神学が汎神論に傾きがちな神秘主義にその特徴を示し、そういう角度から聖餐を重んじたのに対して、スクポリの神学は神と人間との関係をきわめて人格的に考えていたが、これは神秘主義とは対立するものである。その思想形成に当たってスザンナの感化を多分に受けていたジョンが、宗教改革者たちに見られる神と人間との人格的関係の強調と、神秘主義とに対してどのような反応を示すようになるかは後に述べるが、それとの関連で、このスザンナの思想の色合いは興味深い。さらに、父の友人であったピューリタンのリチャード＝バクスターの著書、特に『聖徒の永遠の休息』もしばしば好んで読んでいるが、こういう瞑想的な面は、彼女においては隠遁的な様相を呈せずに、この世の中での使命達成へ向かう原動力となった。これは宗教改革者ルターや特にカルヴァンにおいて見られた召命・職業観の継承であるが、ニュートンがここにスザンナに対するピューリタニズムの影響を強く見ているのは正しいと思う。そして、スザンナの書いたものには、方法、訓練、義務、理性、良心、体験、きよめというようなピューリタンの特徴用語が事実多く見られるのである。

サムエルが大主教区会議議員としてロンドンに滞在中、夫に無断でスザンナが集会をもち二〇〇人もの人々に説教するという事件があったが、これなどは高教会主義的なスザンナに対するピューリタニズムの根強い影響と言えよう。これはサムエルについてもスザンナについても言えることであるが、(ピューリタニズムから高教会主義へと)「教派を変えたからといって、人間は自分の皮膚の外に飛び出すわけには行かない」(ニュートン)のである。それに、私たちは高教会主義をも含めて、国教会とピューリタニズムとの相違をあまり強調しすぎてもいけない。

一七四〇年のことであるが、メソジスト運動が大きな進展を見せていたころ、ジョン＝ウェスレーを助けていた信徒の一人トーマス＝マックスフィールドが、ウェスレーの留守に説教をするという出来事が起こったが、この新機軸に驚いてブリストルからあわててロンドンのファウンダリーに帰ってきたウェスレーに対し、スザンナは「あの青年にあなたがすることには注意しなさい。あなたが説教するために召されているように、あの青年もそうです。あの青年の説教の結果、どういう実が結ばれたかを調べ、また、あなた自身も説教を聞いてみなさい」とすすめた。これなどは、とても高教会主義者の言うこととは思えない。

スザンナの感化

ところで、ジョンは他のウェスレー家の子供たちと同じように、その精神的危機の折や神学上の疑問に悩まされた時に、スザンナに直接、あるいは、文通によって相談するのが習慣になっていた。ジョンのキリスト教理解に対するスザンナの感化は大きなものであったが、話は大分あとの事柄にわたるけれども、スザンナのほうは必ずしもジョンやチャールズが始めたメソジスト運動を初めから理解し支持したわけではなかった。スザンナのためらいはジョンやチャールズの兄サムエルが、その高教会主義の故にメソジスト運動に好感をもっていなかったので、弟たちの伝道を誤って伝えたことや、チャールズの極端に走る性格からくる印象のよくない説明によるものであった。しかし、ジョン自身の説明を聞き、ジョンやチャールズと同じように初めからメソジスト運動にかかわっていた二人の友人ジョージ＝ホイットフィールドが当時スザンナのいたデヴォンに行き彼女と会ったことなども手伝って、彼女は安心し、後には積極的に運動を支持し、メソジスト教徒として死んだのである。

とにかく、スザンナという女性はすばらしい女性だったらしい。やさしさを失わずに、しかも、自分の考えをしっかりともって、神学や哲学も十分に理解しうる知性をもっていた。ジョンなどは神学や哲学上の難問題を、まず母親に相談することによって解決しようとしている。このように、高貴さとやさしさをたたえた女性を母親としてもったことは、ウェスレーの生涯に大きな影響を与えた。彼は女性への深い尊敬と信頼とを、母親を通して獲得したのである。この尊敬と信頼とが、ある時には、愚直であると思わないわけにはいかない態度を、悪らつな女性に対してさえ、ウェスレーにとらせている。またウェスレーが女性との愛情問題で不幸であった理由には、母親に匹敵する女性を、意識的にかあるいは無意識的にか、ウェスレーが追い求めていたということもあったであろう。

司祭館の火事

ウェスレーの幼児の出来事で、精神的に彼の生涯に大きな影響を与えたものがある。エプワースの司祭館が、火事になったことである。これも恐らく、サムエルの政治的信念に反対の住民たちによる放火であろう。その時に、ジョンは六歳、チャールズは、まだ生後一年二か月の幼児であった。火事は夜中に起こったが、子供たちは乳母に連れられて外に逃げて行った。ところが、ジョンだけはそれに気付かず、二階で眠り続けていた。逃げてきた子供たちを数えて、父親のサムエルは、はじめてジョンがいないことに気が付いた。一方ジョンは、目が覚めてみると、自分のまわりがすっかり火に包まれていた。彼は二階の窓のところまで逃げてきたけれども、人々は彼を救い出すことができなかった。サムエルは、もはや諦めて、神のみ手にジョンを返さなければならない時がきたと思ったのである。その時、近所の人々が気転をきかせて、一人が壁に面して立ち、もう一人がその肩の上に立って、屋根が燃えおちる直前にジョンを窓から救い出すことができたのである。

ウェスレー家の人々にとって忘れ難かったこの火事は、一七〇九年二月九日のことであったが、司祭館の火事騒ぎはこれが最初ではなかった（一七〇二年には、その三分の二が焼かれている）。一七〇九年の火事をジョン自身も覚えていたであろうし、家族の会話によってもしばしば思い出させられたであろう。スザンナは、特別な神の摂理によって命拾いしたジョンの教育に特に気をつかうようになったし、この出来事は、ジョン自身にも自分は火事場から取り出された焼けぼっくいであるとの感を与えたのである。彼は、神がなにか特別な仕事のために、自分をこのように救い出したと感じたのである。

奇妙な出来事

ジョンは一〇歳の時、一七一四年に当時ロンドンにあったチャーターハウス校の生徒となり、エプワースの司祭館を離れた。しかし、その後も彼は、ことあるごとに家族と手紙のやりとりをしていた。彼が一四歳のころに起こった司祭館の奇妙な出来事も、彼の関心を引かないわけはなかった。一七一六年一二月一日が、それが起こった最初の日であった。ジョンの姉妹スザンナとナンシーの二人が不思議な戸をたたく音を聞いたし、それ以来、家のどこかで、うめき声やびんをこわす音が聞こえるようになったのである。やとわれていた人たちを含めて、家中のものがそれに悩まされた。家中が寝静まっている時に、階段を上がったり下りたりする音が聞こえたり、七面鳥の鳴くような声が聞こえたり、ある時には、気持ちの悪いものが靴をならすような音をたててわきを通りすぎて行った。司祭館ではこの存在を「老ジェフェリー」と名付けていた。もちろん、初めのうちは「老ジェフェリー」はウェスレー家にとって気味の悪い、驚きの対象であったが、そのうちに彼は単なる厄介事、うんざりさせるものとなってしまった。そして、一年ほどして、「老ジェフェリー」の訪問は突然やんでしまった。

司祭館の人々は、もちろんその原因を探した。スザンナは初めそれを、ねずみのいたずらと思ったが、事実はそれでは説明できなかった。やとわれていた人の誰か、あるいは、子供たちの一人のいたずらという説明も事実に呼応しなかった。結局のところ原因が分からなかったので、常日ごろ迷信に批判的であった司祭館の人々も、遂にはそれを超自然的起源をもつものと見なした。サムエルに対する住民のある者たちのいたずらと考えられなくもなかった。「老ジェフェリー」はサムエルが国王のために祈った時などに、いっそう大きな音をたてたからである。ウェスレー家の人々は、その説明も事実にそぐわないものとして退けたが、恐らくこれが真相にいちばん近いのではないだろうか。

ジョン＝ウェスレーはこの出来事の起こったころは司祭館にいなかったが、兄のサムエルを通して詳しく書き送ってもらった。そして、一七二〇年に家に帰った折、当時の事情をできる限り調べている。彼もそれが超自然的な起源をもつことを疑わなかったが、彼はそれを、一七〇二年に父サムエルが母スザンナと別居したことに関係すると解釈した。すなわち、神がサムエルに結婚の誓約を破ったその罪を深く自覚させるために、こういう警告的手段をとられたものと見なしたのである。ウェスレーのこの解釈の当否はさておいて、私たちにとって重要なのは、この事件が、チャーターハウス校時代の若きウェスレーに及ぼした影響である。グリーンも言うように、この事件は「同様の現象に対する彼の興味を喚起し、彼の生まれつきの信じやすさを強固にし、見えざる世界に対する彼の信念を強めるのに役立った」のである。

父と母の死

サムエル＝ウェスレーは一七三五年四月二五日――この年の一〇月二一日には、あとで述べるようにジョン＝ウェスレーがアメリカのジョージアに宣教師として出発している――に、この世を去った。晩年に至るまでサムエルは信仰の良き戦いを戦いぬいたのであるが、既に立派に自分と同じ信仰の道を歩んでいた二人の息子に、臨終の折彼が言った言葉はよく知られている。彼はジョンに「息子よ、キリスト教の証拠、きわめて強い証拠は、内的なあかし、内的なあかしなのだ」と言い、チャールズの頭に手を置いて「気持ちをぐらつかせないように。キリスト教の信仰は、この国に確かに復興します。私はそれを見ないだろうが、あなたは見るでしょう」と予言したのである。

スザンナの死は一七四二年七月二三日の出来事で、痛風のためであった。彼女はそのころ、ジョンのロンドンにおける伝道の根拠地とも言うべきファウンダリーの建物に部屋を与えられて住んでいたが、その死の際、折あしくチャールズは不在であった。しかし、ブリストルに伝道のため出かけていたジョンは急遽ロンドンにとって帰り臨終に間に合ったし、五人の娘たちもその場にいてこの偉大な母親に別れを告げた。

III

二つの回心

第一の回心

チャーターハウスのウェスレー　ジョン＝ウェスレーは、一〇歳の時に、チャーターハウス校に入り、そして一六歳でそこを卒業している。この学校でのウェスレーの生活は、あまり楽しいものではなかった。貴族的な雰囲気の中の少年たちの間で、豊かでない田舎司祭の息子が、いやな思いを経験しないですむはずがない。ずいぶん費用も倹約したし、小遣いにもこと欠いた日常生活であった。彼の信仰生活はどうであったか。これもけっして高度の水準を維持していた、とは言えないようである。しかし、彼はきちんと聖書を読み、教会に行き、祈りをしていたと自分でも言っているように、普通の子供らしい信仰生活を続けていたと言えるだろう。メソジスト運動の指導者としての端正で謹厳なウェスレーしか想像できない私たちには意外に思えるかも知れないが、ウェスレー家の人々は皆快活で友達付き合いが良かったということであるから、ジョンも明るいユーモアに満ちた少年であり、青年であったと考えるほうが事実に即しているようである。たとえば、オックスフォード在学中のウェスレーは、しばしば詩を作って楽しんでいたようだが、次のような詩が残っている。これはラテン詩からの翻訳であるが、クロエという若きおとめに関するもので、ジュノーがくじゃくを、ヴィーナスが鳩をかわいがっていたように、クロエは蚤《のみ》を愛していた。そして、詩は、この蚤がどんなにクロエの身体をはいまわるのによろこびを感じたかを叙述した、たわいのないものである。確かにこれは行儀の良い詩とは言えないが、しかし、これは不道徳と言うよりも、リーンも書いているように、思春期に属する事柄と判断すべきであろう。

飛躍の年

一七二〇年に、ウェスレーは、オックスフォード大学のクライストーチャーチーカレッジに入学し、一七二五年、彼が執事（deacon）としての任命式を高教会主義者ポター主教から受ける時まで、この学校に籍を置いている。オックスフォード大学時代の彼は、まじめな、そして一応の信仰的義務を守った青年ではあったが、入学当初は、司祭になろうと志していたとは考えられない。しかし、一七二五年には、彼は国教会の聖職者になるという決心を両親に相談し、その許可を得ている。

このころから彼は、熱心に神秘主義的書物を読み出した。彼が最初に取り上げた神秘主義の書物は、母親スザンナとの関係で前にも挙げたトマス＝ア＝ケンピスの『キリストに倣いて』であった。続いて、ジェレミー＝テイラーの『聖なる生』及び『聖なる死』、また、のちになって、ウィリアム＝ローの『キリスト者の完全』などであった。このように、一七二五年という年は、ウェスレーの生涯にとって、たんに執事としての任命式を受けたという年であったばかりでなく、精神的にも大きな飛躍の年であった。

この一七二五年のウェスレーの信仰的覚醒を回心と呼んでもよいであろう。この回心を、のちに述べるアルダスゲイト街での回心と区別する意味で私は、第一の回心と呼ぶことにしたい。

回心の動機

第一の回心は、どのような事情が、具体的な動機を提供したのであろうか。オックスフォードのウェスレーの友人の中に、ロバート＝カーカムという、司祭の息子がいたが、彼には三人の姉妹があった。ウェスレーはしばしば、スタントンにあったその司祭館を訪れているが、その三人姉妹の一人とは特に親しくなり、ヴァラニーズという名をその女性に与えて手紙のやりとりをしていたし、彼女を、トマス＝ア＝ケンピスを読むようにすすめてくれた自分の宗教的友人として『日誌』の中に書いている。恐らく神秘的敬虔をもったこの女性への愛が、ウェスレーを神秘的書物に向かわせたのであろう。ヴァラニーズが三人姉妹のうちの誰であったかについてはいろいろと研究者の間に議論があったが、今日では長女のサラ＝カーカムであったというのがほぼ定説になっている。

一七二五年にウェスレーは二二歳であり、サラ＝カーカムは二六歳であった。彼女は魅惑的な美人で、ほがらかな人物であったし、読書好きなまじめなキリスト者であった。両親のあまり幸福とは言えない結婚生活を見ていたためかどうかは分からないが、ウェスレーはこの頃、独身主義者で

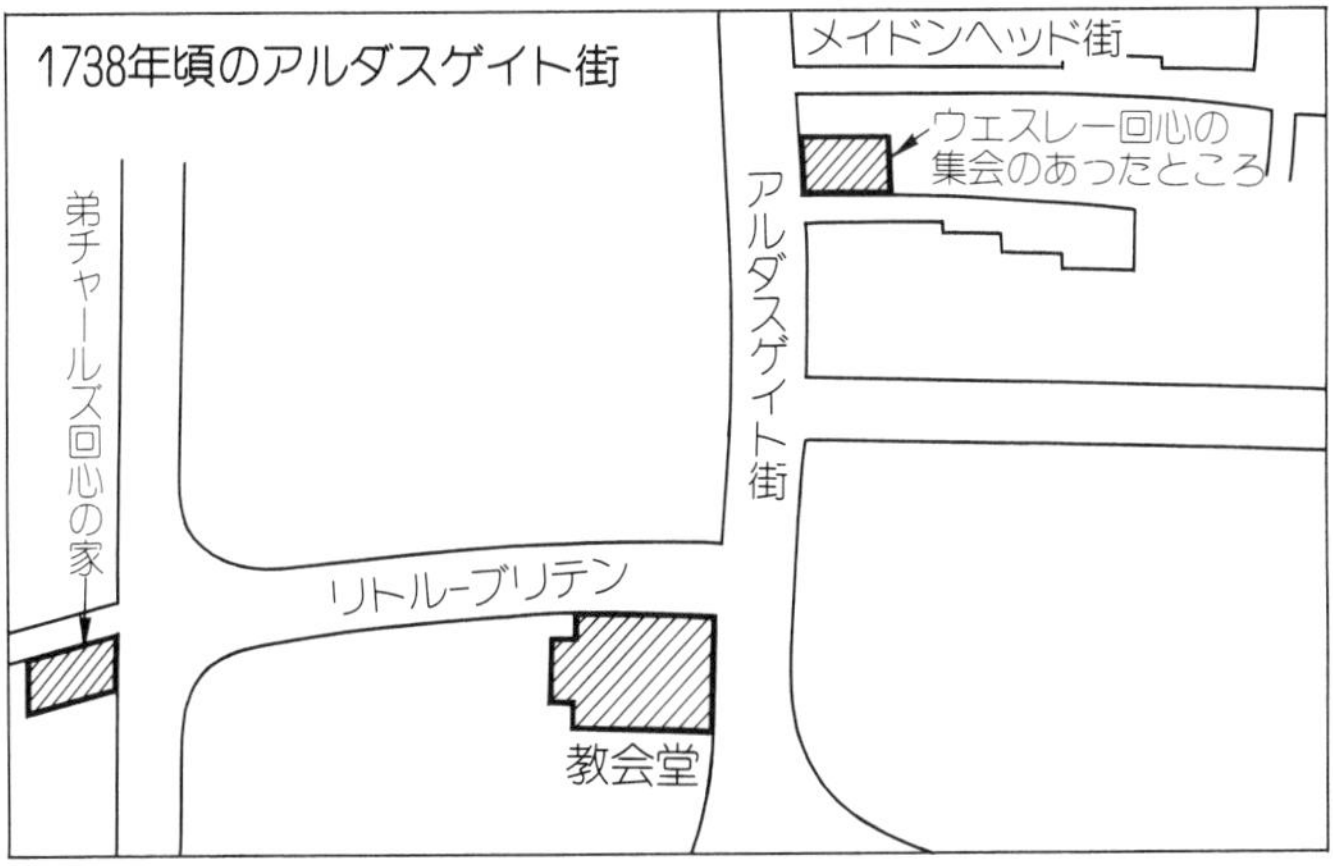

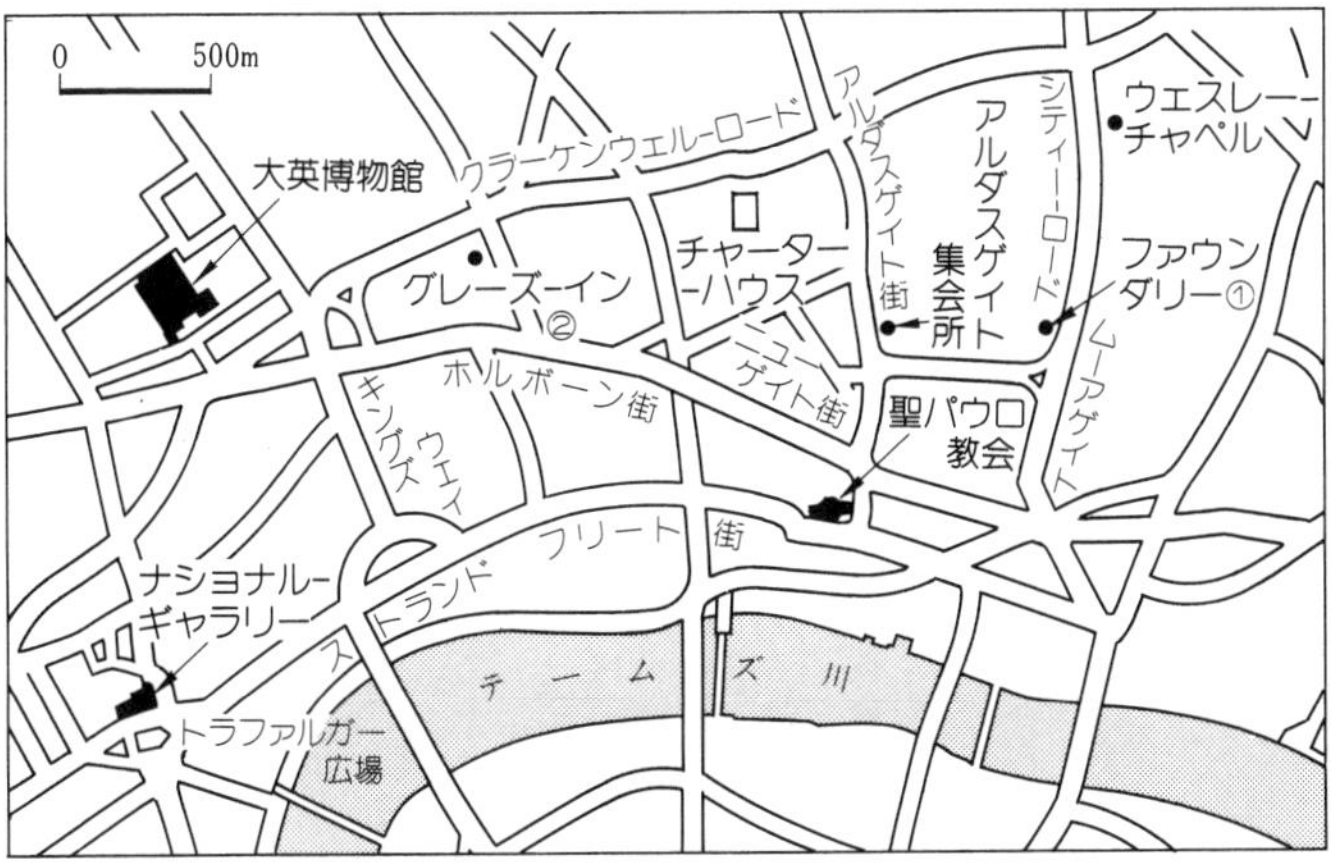

現在のロンドン市街図（下）と1738年頃のアルダスゲイト街付近
①のファウンダリーはメソジスト会の最初のロンドン本部となった建物。もと大砲工場であったのを買い取ったもの。②のグレーズ-インは1741年9月3日に、ロンドンを訪れていたツィンツェンドルフとウェスレーとの会見の場。

あったようであるが、サラはウェスレーのそれまでの独身主義を変えさせ、結婚しようと決心させるに十分な娘であった。しかし、金銭的に考えてウェスレーには、それを直ちに実行するだけの手段がなかった。彼は心の中で彼女が旧約のラケルとレアのごとく、七年間待ってくれたらと望んだが、結婚の意志は心に秘めて、彼女に会いに司祭館を訪れても彼女との話はおもに神学に関することであった。しかし、遂に勇気を振るってウェスレーは、一七二五年四月二〇日にサラに結婚したいという自分の心を打ちあけている。サラのほうは、ウェスレーに対してそこまでは愛を感じていなかったらしく、若い司祭で学校の教師をしていたジャック＝チャポンと結婚することになった。この失恋の結果、ウェスレーの神秘主義への沈潜が深まり、結婚への懐疑が強められていったのである。出版されていないウェスレーの「日記」には「神よりも私は女性や友人を愛したのか。これは、サタンの罠の一つであったか」という言葉が見られるが、このように神と女性とを同一平面に併置し、どちらかを選ばねばならないものであると考えるところでは、独身生活へのカトリック的憧憬《どうけい》は去らないであろう。

本来なら神は人間とは別の平面、より高い次元——他に使い得る言語が存在しないので、仕方なく空間の言語を用いて言えば、——におられると考えられねばならないのであって、そのように考えれば、人間同士の愛情の上に存在し、人間と同じ地平で愛情を奪い合うことなどはない筈なのである。人間からは上の方で、人間と向かいあって立つこういう人格的な神が——ハイラーの表現で表すと――霊的物質的に人間の立つ平面に水のように流れ込み、人間同士の間に介在したり、人間の中に入り込んだりすると、神をえらぶか人間をえらぶかというような奇妙な信仰的選択が起こることとなる。ウェスレーの場合には両親の幸福でない結婚生活を見ていたことと相まって家庭の高教会主義の影響もあり、こういう独身主義であったのではないかと想像するが、しかし、信仰の問題としてではなく、(つまり、神とは関係なく)信仰者――この場合、この人の信仰は、神を人間と同じ平面において神か人間かをえらぶというようなものではないであろうが――であろうがなかろうが、自分には結婚生活は向かない、あるいは、何らかの事情で不可能であると理性的に考えて、独身生活を送る人がいても一向に差しつかえない筈である。

独身生活へのあこがれ

ウェスレーの第一の回心が高教会主義にも見られる神秘主義的なキリスト教への回心であったことも手伝って、この当時から、ウェスレーの心の中には、結婚についてのカトリック的な考え方が支配するようになったのである。ウェスレーの前には、生涯の間に、何人かの女性が現れ、彼の愛情を獲得したのであるが、いつもウェスレーに結婚を躊躇させたのは、この独身生活へのカトリック的な憧憬であった。ウェスレーに結婚を躊躇させたもう一つの大きな要因を、私はここに付加しなければならないであろう。それは、ウェスレーの意識の表面に浮かび上がってはこなかったかもしれないけれども、母親スザンナのような女性を彼が追い求めたということである。ウェスレーは、生涯の間に、スザンナに比較して劣らない女性と巡り会うことはなかったように思われる。後述するソフィア＝ホプキーにしてもグレース＝マレーにしても、ウェスレーの側で彼女たちにスザンナの面影を投影し、相手を無理に美化しすぎているところがあるように思われる。

ところで、こういう独身生活へのあこがれは、しばしばプラトン的な香りの高い友愛へと傾斜するものであるけれども、当時のウェスレーにもこういう傾斜が見られる。サラとジャック＝チャポンとの結婚式は一七二五年一二月二八日のことであったが、結婚後も、ウェスレーとサラとの間にはプラトン的な友愛とも言えるやさしい感情が存在し続けたようである。とにかく、ウェスレーは男の友人たちからも友情を多く与えられ人物であったけれども、どちらかと言うと、「女性との交わりの方をいつも居心地よく感じていた」（グリーン）らしい。それにはウェスレーには女の姉妹が多かったということもあるが、母スザンナの影響が強いことはもちろんである。

この当時ウェスレーの心を引きつけたもう一人の女性は、メアリー＝ペンダーヴズであった。彼女はカーカム家の姉妹とも親しい友達同士であり、ウェスレーはその姉アン＝グランヴィルとも友達になった。当時メアリーは、気むずかしくて大酒飲みの夫ペンダーヴズと死に別れたばかりの若い二五歳の未亡人であった。ウェスレーはアンをセリマ、メアリーをアスパシアと呼んで、二人にしばしば長い手紙を書いた。姉妹たちの方も、この気持ちのよいまじめで学識豊かな若き執事に興味を覚えたようであるが、特にメアリーにとっては、ウェスレーの与える影響が夫の関係で交際してきた貴族社会の人々の与えるそれと違うので、引きつけられたらしい。しかし、ますます深まりいくウェスレーの信仰が、メアリーを怖がらせたし、彼女は社交の喜びも捨てられなかった。そのため、彼女はウェスレーに対して積極的にはなれず、後で彼女がウェスレーに自分から近づこうとした時には、傷つけられたウェスレーの方が消極的になってしまっていた。

神秘主義との関係

さて、ベルギーのカトリックの司祭ピエトや、英国のカトリックの神学者トッドは、一七二五年にウェスレーが神秘主義者の書物を読んだ時こそ、彼の生涯における最大の回心が起こったのだと主張し、後に述べるアルダスゲイト街での回心、私が第二の回心と呼ぶものをそれほど重要なものではないと考えている。第二の回心は第一の回心と本質的に異なるものではなく、ただ、第一の回心をより徹底させただけであると、彼らは考えている。もちろんこういう解釈に対しては批判的な研究家、例えばリーンのごときがいるが、それはさておき、確かに、それまでの平凡な信仰生活から、熱心に神を追い求める生活へとウェスレーが転換したのは神秘主義者たちの影響で、その意味において、この時ウェスレーは第一の回心をもったのである、と言うことができよう。

つまり、家庭での教育を通してウェスレーに深く染み着いていた、元来が神秘主義的である高教会主義的敬虔が、神秘主義者の書物を読むことによって花が開いたとも言えるであろう。ところで、ウェスレーと神秘主義との関係はなかなか複雑である。私が第一の回心と呼ぶものの端緒となったトマス＝ア＝ケンピスの『キリストに倣いて』をウェスレーが読んでいたころ、彼は常のごとくに自分の感想や疑問を母スザンナに書き送っており、私たちは両者の文通からウェスレーのトマス的神秘主義への反応を知ることができる。『キリストに倣いて』に表現されているひたむきなトマスの神追求がウェスレーをあれほどに深く感動させたのではあるけれども、トマスの敬虔のもつ、この世を軽蔑する他界性に対しては彼はきわめて批判的であった。シュミットが、この批判がウェスレーの聖書理解、特に旧約聖書における、世界は神によって創造されたが故に良いものであるという信仰に根源をもっていたと指摘しているが、これは正しいと思う。「創世記」一章三一節では、天地万物を造られたあと「神はお造りになったすべてのものを御覧になった。見よ、それは極めて良かった」と言われており、キリスト教やユダヤ教では、この世も基本的には生きるに価する善きものであると考えているのである。エプワースの司祭館に浸透していた聖書的敬虔が、ジョン＝ウェスレーをここでも支えていたのである。トマスによると、神が世界の中に人間を置かれたのは、結局のところ、人間を絶え間なくみじめな状態の中におらせるためである、ということになってしまう。トマスのような神秘主義では、地上で人間が少しでも喜びや幸福を追求することは、罪なのである。私たちがキリストにならって十字架を負わねばならないことは真理であるが、このことは一切の喜びが地上の生から消えなければならないことを意味するのであろうか。なるほど、一切の地上の悲惨は、天国において十分な償いを受けるであろうが、しかし、ウェスレーによれば、この事実によってはキリスト教に改宗する者はほとんどいない。特に私たちの興味を引くのは、ウェスレーがイエスの言葉「わたしの軛《くびき》は負いやすく、わたしの荷は軽い」(マタイ一一・三〇)を文字どおりに現在的に解釈して、私たちは地上でも罪ではない喜びと幸福を獲得して差し支えないという自分の議論の根拠にしていることである。また、トマスにとっては苦難を美化するあまり、苦難がそのままなにか良いことであるかのごとく見られているが、ウェスレーは旧約聖書に出てくる人物ヨブの例を引きながら、苦しみは美化すべきでないことを主張している。神が苦難を用いて私たちを謙虚にすることはありうるけれども、そうであるからと言って苦難は良いものではけっしてない。苦難は征服されなければならないものなのである。このように、ウェスレーにおいては、神秘主義の他界性に対して、良い意味での現世尊重からきている健康な反発が見られる。

ありがたい副産物『日　誌』　ウェスレーと神秘主義との出会いの結果、私たちにとって大変ありがたい副産物が与えられたが、それが彼の『日誌』である。『日誌』の第一巻の序文は一七四〇年九月二〇日の日付になっているが、そこで彼は、約一五年ほど前にジェレミー゠テイラーの『聖なる生』と『聖なる死』を読んで、その助言に従って自分の生活の一時一時をどのように使用したかを詳細に書きつけるようになった、と言っている。つまり、実際にはテイラーの書物を読む前から書いていた「日記」をもっと詳細に書くようになったことを言っているのだが、「日記」は暗号で書かれたもので、全くウェスレー個人のためのものであった。後に述べることであるが、アメリカのジョージアに宣教師として出かけたウェスレーは、そこで初めて自分の前をよぎる新奇な情景に接したり、珍しい体験をもったことから、「日記」の中のそれらの描写部分をぬき出して、それに自己の省察を加えたものを別に作り始めた。それが『日誌』として比較的早い時期にその最初の部分が世に出るに至ったのは、ジョージアにおける自己の行動を、非難する者たちに対して弁明するという意図があったのである。ネヘマイア＝カーノックの忘れることのできない貢献のおかげで、私たちは信頼のできる本文で、ウェスレーの生涯にわたる『日誌』全八巻を所有しているのである。特に感謝すべきは、その多くは失われてしまったが、残っている「日記」の暗号を解読して『日誌』に対照させながら私たちが読めるようにしてくれたことである。

テイラーは、主教制を神による制定と考える高教会主義者であったが、テイラーの思想の中に表現されている神の前での真摯さはウェスレーに強い感銘を与えた。しかし、ウェスレーはどんな思想に対しても自己をその中に失うような仕方で心酔できない人物であった。テイラーは、私たちが人からの尊敬を一切断念し、無視されることを喜ばねばならないとした。しかも、私たちは自分を一緒にいるどの人物より低く最悪の人間であると評価して、自分の弱さ・不完全・欠陥を神に感謝しなければならないのである。というのは、このようにして神は、私たちの傲慢《ごうまん》をくじかれるのであるから。テイラーの正しいとするキリスト教的謙遜の美徳は、このように自分や他人の実際を公正に評価しないことであり、さらに、全生活を悔い改めねばならないキリスト者は、神がその罪を赦してくださったかどうかに関してまで謙虚に、それについて不確かでなければならなかったのである。

病的なこういうテイラーの主張を、現実を真実ありのままに認識するウェスレーが批判しないはずはなかった。ウェスレーによれば、神との関係においては、確かにテイラーの言うごとく、人間は絶対的に謙虚でなければならない。しかし、人間同士の間では、謙虚も相対的でなければならないのである。神を信じる者が、実際に自分より不道徳な生活を送っている人の前で、いつも自分は相手より悪しき存在であると信じ込む必要はないし、また、自分が救われているかどうかも全く分からないのでは、キリスト者はこの世でもっともみじめな存在になってしまう。現実を真実ありのままに認識するこのようなウェスレーの態度をシュミットは合理的経験主義と呼んで、これは無意識にウェスレーがピューリタニズムから受け継いだものであるとしている。ピューリタニズムからの影響だけでこれを説明するよりも、ジョン＝ロックやデイヴィッド＝ヒューム（ウェスレーと同時代人。ただしウェスレーに対する影響はない）のイギリス経験主義にも見られる、一七世紀以来の合理主義的精神のウェスレーに対する浸透と考えた方がよい、と私は思うが。

さらに、信仰に関するテイラーの理解をウェスレーが批判しているのをみると、ウェスレーにおける合理的経験主義がよく理解される。聖書によれば、信仰なしに神を喜ばせることは不可能である。ところが、ウェスレーによれば、信仰は理性的根拠に基づいて、ある命題に同意することである。したがって、理性に反する事柄を受容するのが信仰ではない。信仰と理性との関係に関するウェスレーの考えは、これと本質的には同じものとして生涯存続した。

ウィリアム＝ローの影響　この折にウェスレーと神秘主義との関係についてまとめておいた方がよいと思うので、第一の回心から四、五年あとの事柄であるけれども、当時の大学者、臣従拒誓者ウィリアム＝ローとの関係についても触れておきたい。

ウェスレーがウィリアム＝ローの書物に接したのは、ウェスレーがオックスフォードのリンカーン-カレッジのテューターになったころのことであった。また、ウェスレーはローを訪ねたりもして精神的指導を受けたが、ローの勧めによりヤコプ＝ベーメの書物や、若きマルティン＝ルターも愛読した書物『ドイツ神学』をも読みふけった。ウェスレーが神と人間とが神秘的融合を遂げるという意味での神秘主義にもっとも接近したのは、この時期のことであった。勿論ローの思想がそのままこういう神秘主義に立っていたというわけではないが、少なくともそういう神秘主義の雰囲気をもっていたことは否めない。高教会主義の中でも最右翼と言える臣従拒誓者たちの信仰には、霊的物質主義的な神の恵みの理解が目立つ以上、このことは当然である。とにかくこのような神秘主義は、やがてウェスレーに嫌悪の念を起こさせた。このような読書をやめたウェスレーは、後に、神秘主義者たちこそキリスト教の最大の敵であり、彼らに比べるならばその他の敵は些細なものである、と言っている。なぜなら、神秘主義は、キリスト教に致命傷を与えることができるのであるから。

一七二五年頃、一時的に強く引きつけられたとは言え、どういう理由から、ウェスレーは、このような神秘主義を嫌悪するようになったのであろうか。これは、想像するにそれほど困難ではない。神秘主義者たちは、神と魂の霊的一致を説明するのに、あまりにもしばしば、官能的な用語や比喩や画像を用いたが、このことは、ピューリタン的な清潔を尊び、また、愛したウェスレーにとって、忍びがたいことであった。さらに、ウェスレーの追い求めていた神との一致が、人間が謙虚に神の愛の意志への信頼と服従とにおいて歩むということに、時がたてばたつほど強調点が置かれるようになっていったからである。人間が、神の大海に投じられ、やがて姿を失う一滴の水のように、その人格を喪失するような一致は初めからウェスレーの追い求めていたものではなかったが、第二の回心以降ますます強められていく神との人格的な出会いの意識が、人格を喪失するような神秘主義から彼を遠く引き離していったのである。

神秘主義との決別

しかし、私たちがここで誤解してはならないのは、人格喪失的神秘主義がそのまま高教会主義の信仰ではないということである。高教会主義が人格神を信じるキリスト教に属することから、これは当然の事柄である。ただ、高教会主義は聖礼典（聖奠）などの理解を通して、その全体的な雰囲気においてそのような神秘主義に傾斜しているのである。高教会主義とこういう神秘主義との間にある距離も私たちが忘れてはならないものであり、当然のこと人格的な神と人間との一致は何よりもまず道徳的なものである。そして、高教会主義がもつ、制度化された信仰生活が、また人格喪失的神秘主義を妨げる要素であることにも私たちは気づかねばならない。高教会主義に立つウェスレーの信仰は、静寂の中で孤独な魂が、自分の魂の奥底で神と一つになろうとする瞑想に、その中心をおいた信仰ではなかった。この真理がウェスレーにとって自覚的になったのは、特に、彼が執事として一七二七年から二九年までの間父サムエルを助けていたころに、ある人が次のように言った時以来であった。「あなたは神に仕えて、天国に行こうと望んでいる。ひとりで神に仕えることはできない、ということを記憶しなさい。だから、あなたは、友を見つけるか、あるいは、つくらなければならない。聖書は、孤独な宗教について、なにも知らない」。確かに、ウェスレーの信仰生活は、恵みの手段である教会生活（信者の交わり）や聖礼典を重んじることによって、自分の神秘主義的経験におぼれて自己を神の中に失う主観主義に転落することを免れたのである。

つまり、聖礼典は高教会主義において霊的物質のような神の恵みを信者たちの魂に注入するという点では、非人格的な神観へ近づき、私たちを前に述べたような神秘主義へ接近させるのであるけれども、このように恵みの手段たる聖礼典を重んじるということは、神と人間との関係が、直接無媒介に存在論的に一致することを拒否することでもある。すなわち、それは神と人間とが本質的に一つになるということへの嫌悪を表現すると共に、神が人間と交わるに当たり、ご自分の意志の伝達の手段として、意志的に道具を使用される人格的存在であることを意味する。このように聖礼典は、高教会主義の場合に非人格的な神秘主義へ向かいつつ、同時にそれを人格的な、マルティン＝ブーバーの言葉を借りるならば、神との「我と汝」という形での出会いから、私たちをはずれることがないようにするものでもある。

ところで、ウェスレーが既に述べたような神秘主義と決別したのはいつ頃であろうか。それは第二の回心の前、一七三六年ころのことと言えるのではないか。一七三六年一一月二三日にウェスレーが長兄サムエルに書いた手紙の中に、「私がそれにぶつかってほとんど信仰の破船をしそうになった岩は、神秘主義者たちの書物でした。神秘主義者によって私は、恵みの手段を一つでも軽んじる人々を皆、そしてこういう人々だけを意味しています」という言葉があるが、これによって、私たちは、ウェスレーが神秘主義を明確に捨てるに至ったのがこのころであったことを知ると同時に、神秘主義をウェスレーがどのように定義していたかが分かるのである。

神聖クラブ

完全の追求をめぐって　神秘主義との出会いである第一の回心の時に、ウェスレーは神秘主義者の書物を読むことによって、自分の生活における道徳的純潔（きよめ）を最高度にたかめるという理想、すなわち完全の追求をその生涯の目的とすることをも教えられた。そして、この完全追求は、ローの書物『キリスト者の完全に関する実践的論文』（一七二六）と『敬虔なきよき生への真剣な招き』（一七二八）を読むことにより、さらに深められた。しかし、第二の回心を経験するまでは、この完全は地上において人間が獲得することの不可能なものとして考えられていた。また、一生涯にわたって、人間はこの完全を自分の努力でもって――もちろん、恵みの手段を通して与えられる神の恵みに助けられながらではあるけれども――追求しなければならないものと考えられていた。

このように第二の回心前のウェスレーの完全思想は、完全の内容に関しては、ローのそれにだいたい沿ったものであった。当時完全という言葉は修道院的な意味をもって理解されていたようで、その追求は一般の人々にとって可能でもなく、無縁でもあった。そういう通俗的な理解に抵抗してローは、キリスト教はすべての人々に対して一つであり、きよめも一つであることを主張して、完全をすべての人々の追い求めなければならないものとした。そして、人々の環境がどんなに種々様々であっても、すべての人がその各自特有の環境の中で完全を追い求めなければならないのである。完全追求において要求される決定的なものは、意志の内的な傾向である。このようにして、ローの見解は、外的行動を超えたところに完全を求めるものであった。さらに、目標が到達されるところに重要な点があるのではなく、――この地上で完全が到達され得るものかどうかについては、ローは論じていないが――それを追い求めることが重要であり、そこにキリスト者の幸福獲得の条件があった。

「神聖クラブ」のスタート　さて、既に述べたようにウェスレーは一七二七年八月からしばらくの間、父サムエルの牧会を助けていたことがあるけれども、一七二九年一一月にオックスフォード大学に帰った。その間、一七二八年九月一八日には司祭になるための按手礼を受けている。そして一七三五年一〇月に宣教師として、当時の英国の植民地であった北アメリカのジョージアに出発するまで、オックスフォード大学に滞在した。オックスフォードにウェスレーがテューターとして、このように滞在している間に、いわゆる「神聖クラブ」とウェスレーとの関係が歴史に登場する。

ウェスレーの部屋　オックスフォード大学のリンカーン-カレッジでウェスレーが住んでいた部屋。

話は少しさかのぼるが、一七二六年の三月にウェスレーはオックスフォード大学のリンカーン-カレッジの研究員に選ばれた。一八世紀のオックスフォード大学の研究員補助金は優秀な学生に与えられ、研究員は、大学にいる限り部屋も与えられ食事もただであったし、手当も与えられた。また、必ずしもカレッジにとどまってテューターとしての役割を果たす必要はなく、大学の許可があればどこで生活していても良かったのである。研究員の資格は、結婚するか給与の与えられる聖職位につくかするとなくなったのである。経済的にいつも困っていたウェスレーにとって、研究員に選ばれたことが大きな助けであったことは想像できる。リンカーン-カレッジの研究員はリンカーンシャー出身の候補者から選ばれることになっていて、ウェスレーはその条件を満たしていたし、父サムエルの友人たちの推薦も役立ってこの幸運を得たのである。そして、リンカーン-カレッジは、オックスフォード大学の中でもトーリー色の強いところであったことを、私たちは覚えておかなければならないであろう。そういう場に、カレッジの教員の数が足りなくなったので、ウェスレーは呼びもどされて一七二九年に帰ってきたのである。

「神聖クラブ」は、彼がオックスフォード大学に帰ってくる前に、すでに弟チャールズによって始められていた。チャールズがオックスフォード大学のクライスト＝チャーチ＝カレッジに入学したのは、一七二六年のことである。当時、チャールズは、どちらかと言うと明朗で、まだ思慮深いとは言えない青年であったが、母スザンナからの圧力もあり、自分の怠惰な生活を反省するようになっていた。この当時のことを、彼は後に次のように書いている。「私は毎週聖餐を受けに行くようになった。また、二、三の友人を説きつけて私と一緒に行くようにさせた。さらに、私たちは大学の規定によって定められている研究方法を守ることにした。……このため、私はメソジスト（きちょうめん屋）という罪のない名前をもらった。このあと半年ほどして、兄がエプワースの執事の仕事をやめて、私たちを助けに来た」。これが「神聖クラブ」の出発であった。

そして、後にウェスレー兄弟やホイットフィールドが始めた伝道運動がメソジスト運動と呼ばれるようになったのも、この時期につけられたあだ名が彼らにいつまでもまとわりついていたことから来ているのである。

「神聖クラブ」の活動

初めのころの会員は、ウェスレー兄弟の他に、ロバート＝カーカムとウィリアム＝モーガンであった。しかし、後に会員は増えたり減ったりしたが、諸カレッジの研究員たちや学生たち、さらに町の男女も含まれるに至ったのである。最初は聖書を共に読み讃美歌を歌うなどして、励ましあうグループに過ぎなかったが、ウィリアム＝モーガンの示唆によって、オックスフォードの町にある二つの牢獄を訪れて囚人たちと共に礼拝を守り聖餐式を執行するに至った。さらに、彼らは囚人たちの中で物質的に困っている者たちのためには、食物・着物・薪炭を備えてやったし、多くの囚人が負債のためにそこに入っていたので、できるだけの金を集めては救済した。また、町の子供たちを集めて勉強を見てやったり、貧民院なども訪れ、そこでも牢獄の囚人たちになしたと同様の事柄を行ったのである。

会員になった人物の中にジョン＝クレイトンがいたが、彼はジョンやチャールズもそれに向かって傾斜していた高教会主義者であり、クレイトンが皆より年上でもあり教会教父の良き研究者であったことも手伝って、彼の臣従拒誓者たちに強く影響された神学が会の基調をなした。彼の理解によれば、原始キリスト教の礼拝において中心をなしていたのは聖餐式であり、国教会はその形態に従って改革されなければならなかったのである。そこで、会員は、彼らが原始キリスト教の実態と信じるところに従って、できる限りしばしば聖餐にあずかり、時間割をきめて聖書を読み、祈りをなすというような、訓練された規則正しい生活を送ろうと努めた。

「神聖クラブ」の理想とウェスレーのそれとが、根底的に一致しうるものであったことは、既に一七二五年以来、ウェスレーの生活が、規則正しく時間割に従ってなされていたことからも明瞭である。日々の時間を合理的に規則正しく使用するという、このウェスレーの生活における完全の追求は、生涯にわたって変わらなかったものであるが、既にこのことが第一の回心の時から始まっていることを、私たちはウェスレーの「日記」を通して知っている。

規則正しさの源泉

ウェスレーの生活が規則正しかったことは、サムエル＝ジョンソンがボズウェルに、ウェスレーとの会見の後、語った言葉からも察せられる。「ジョン＝ウェスレーの会話はおもしろい。しかし、彼は少しもひまをもたない。いつもきまった時間には、どこかへ出かけて行ってしまう。これは私のような男には非常に気にくわない。私は足を組んで、話をじっくりしたいほうなのだから」。ところで見逃してならないことは、このウェスレーの規則正しさこそ、彼の高教会主義的な敬虔を、もっともよく表していることである。

この規則正しさを真に理解するためには、私たちはウェスレーを超えて、教会の長い歴史にわたる「時」との対決を理解しなければならないであろう。修道院の歴史において、教会はこの世から離れて、「時」を規則正しく有効に、魂の救いに役立つように用いる工夫をしてきた。ウェスレーは、この教会の尊い遺産を、世俗の激しい活動の中で生かしきったのである。自分の「時」を規則正しく支配するウェスレーの中に、メソジスト運動という大運動をみごとに組織化して運営していったと同じウェスレーを、私たちは見る。

「時」に流されず、「時」を人間として支配することは、非常にむずかしい。私たちを生かして運んでゆく「時」が、いつか終末を告げるという事実の虚無性に打ち負かされた者には、はじめから「時」を有効に使用しようとの気分も起こらない。また、この世の「時」にあまりに執着する人々には、「時」の流れをせき止めようとの、あるいは、一定間隔の「時」の中に当然盛りきれないほどの内容を盛ろうとの、「時」の究極的な支配者たる神によって造られた被造物である自分たちを忘れるような行動がみられる。全体として見て、ウェスレーの生活の規則正しさには、カトリック的な敬虔から受けついだ高教会主義の最善なものが表現されている。謙虚な神への服従を基盤にした「時」への支配である。

マルティン゠シュミットはウェスレーの生涯にわたる生活上の規則正しさをピューリタニズムの影響からだけ理解しようとしているが、そのままには受け入れ難い。シュミットによれば、「これは、ピューリタンの習慣である自己制御と自己批判とが強化され、個人生活の細部にわたる点まで極端に厳格な仕方で監視するようになった場合にどうなるかという一つの実例である。ここで、ジョン゠ウェスレーとその友人たちとは良心の宗教という偉大なアングロ－サクソン的伝統の土台の上に建設しているのである」が、ここでシュミットが良心の宗教という時にピューリタニズムを考えていることは、文脈から明らかである。しかし、私としては、第一の回心によって与えられたものをさらに深めたオックスフォード時代のウェスレーの神学と敬虔は高教会主義的なものであったと考えたい。しかしその敬虔のある要素、しかも中心的な要素が、質的にピューリタニズムの精神と敬虔とに同じであったがために、ピューリタニズムの伝統が無縁であるどころか、そこに浸透し大きな影響を与えたと言えるのではあろうが。これはウェスレーの両親、特にスザンナの敬虔に対しても言えると思う。

高教会主義に対する嫌悪を少しも隠そうとしない伝記作者のタイアマンさえ、オックスフォード時代のウェスレーが、カトリック的な告解の儀式を推奨し、諸聖人の日を守ろうとし、「聖ヨハネによる福音書」一九章三四節の言葉「兵士の一人が槍で（十字架上で死んだ）イエスのわき腹を刺した。すると、すぐ血と水とが流れ出た」に従って、聖餐式のぶどう酒に水を混ぜたほうがよいと考えていた事実を不承不承認めているほどであるし、また、ウェスレーと、友人ジェイムズ＝ハットンの父で著名な臣従拒誓者との交わりも認めているのである。聖餐式のぶどう酒に少しの水を混ぜることは、臣従拒誓者たちのなかでも極端な人々が、わざわざ聖餐式の折に、一五五二年に法律で使用を禁じられたエドワード六世の『第一祈禱書』を使ったことに由来している。そこには後の祈禱書には除かれた、ぶどう酒に水を混ぜることが書かれていたのである。こういう事実から、オックスフォード時代のウェスレーの高教会主義はかなりなものであったことが分かる。

ところで、トーリー的なオックスフォード大学の一般的な空気は高教会主義に好意的であったが、そうであるからと言って「神聖クラブ」が受け入れられたとは言えない。「神聖クラブ」がメソジストとあだ名されたこともその事情を物語っているのであるが、その敬虔を表現するに当たってのあくの強さや熱狂と思われるほどの極端さがきらわれた原因であろう。しかも、時のホイッグ政府の支持者たちが多くのカレッジに潜入していたので、大学の思想と信仰の立場が「神聖クラブ」の出現によって誤って流布されるのを当局が恐れて、ウェスレーたちを歓迎しなかったとしても不思議ではない。さらに、こういう不評の火に油を注ぐような出来事が一七三二年九月のウィリアム＝モーガンの死であった。その死は、モーガンがウェスレーの勧めによって実行した過酷な断食によるものであるとうわさされたのである。これに対してウェスレーは自分や「神聖クラブ」を守らなければならなかったが、うわさを聞いたモーガンの父に対してウェスレーは長い手紙を書き送った。幸い、この手紙はモーガンの父を納得させ、自分もメソジストの一人になりたいと言わせたのであった。

「神聖クラブ」の苦難

モーガンの死によって世論の批判を受けていた困難な時期に、「神聖クラブ」を擁護したのが臣従拒誓者のウィリアム＝ローであった。一七三二年七月にウェスレーはローを訪問しているが、ローは、一七三三年に『オックスフォード－メソジスト教徒』と称する小冊子を発行し、自己の臣従拒誓者的良心のために教会から排斥されていたこの偉大な人物は、その中で「神聖クラブ」の会員たちの生活の規範は福音のそれであると弁明したのである。ローによれば、彼らは原始キリスト教、並びに、国教会の本来そうあるべき慣習に従って、祈りや断食や聖餐受領をしているにすぎない。また、初代教会の例にならって、彼らは貧しき者・病める者・囚人たちを訪れているのである。彼らが早起きをし、一日の時間割を定めて行動するのは、神の栄光のためにできる限りの時間がささげられるためなのである。

一七三二年にウェスレーが訪問して以来、彼とウィリアム＝ローとの間には数年にわたる親しい交際が続いた。既に私はウェスレーに対してローの『キリスト者の完全』及び『真剣な招き』が強い影響を与えたことを述べたのであるが、それはウェスレーに「私はこれまでになく、半分ほどキリスト者であることの不可能を確信させられた。そして、私は神にすべてをささげようと、私の魂・身体・資産のことごとくを神に与えようと決心した」と言わせるほどであった。ローの勧めもあって、既に述べたごとくウェスレーは、神秘主義的な書物に一時期接近していったが、しかし、ローにはその完全追求の強調に表されているごとく、神に対する人間の意志的服従が中心的重要性をもっていたので、彼の神学はその神秘主義的雰囲気にもかかわらず、神と人間とを本質的に一体化する神秘主義とはかけ離れていた。この世の王国とキリストの王国を区別して、後者に到達するために全力をつくすようにとローは読者に呼びかけたのである。この世の王国に属するものは幸福でなく、神に従って生活をきよめるところの聖化と幸福は一致する。シュミットによれば、ウェスレーにも早くから見られ、ローにも見られるこの聖化と幸福の同一視は、ピューリタニズムにまでさかのぼることのできるイギリスのキリスト教の遺産であり、さらにさかのぼればアウグスティヌスにいくものであって、これまでのウェスレー研究がほとんど注目しなかった点であるということである。これについては、既に私はシュミットよりずっと前から指摘し続けたことなのでもちろんのこと同感である。ローとウェスレーとの交わりは、後で述べるウェスレーの福音的回心、第二の回心の一〇日ほど前まで続いたが、一七三八年五月一四日と二〇日のウェスレーがローに書いた二通の手紙、及び、それに対するローの返事で事実上終わった。福音に目覚めたウェスレーがローと交わりを断ってしまったのである。

ジョージア伝道へ

エプワースの司祭職の後継をめぐって

ところで、一七三四年には父サムエルの健康が衰え続け、家族の重大な関心事となっていた。サムエルや家族の希望は、息子たちの誰かが父の後を継いでエプワースの司祭職を獲得することであった。それによって、サムエルが約四〇年にもわたって一生懸命働いたその成果を息子がさらに大きなものとして欲しいと皆が思ったばかりではなく、母と未婚の姉妹たちの生活の安定を得ることもできたからである。父サムエルが最初に交渉したのは長兄サムエルであった。息子のサムエルははっきりと断って、弟のジョンを代わりに推した。兄サムエルはジョンに勧めて、オックスフォードでは確かに友人も多いし、行動の自由もあるし、礼拝出席の可能性も多いだろうが、既にジョンはそこで「軽蔑され」ているからこれ以上の善は行えない、というような事柄を理由にあげている。当然のことながら、ジョンはこれに反発して、真のキリスト者はどこでも軽蔑されるのが当たり前であり、人々の軽蔑によって自分自身をさらにきよめることができるが故に、自分はここで今後より多くの善をなし得る、と答えている。さらに、エプワースの伝道という川の末のほうの分流をきよめるよりもオックスフォードという源泉をきよめるほうが効果が大きい、とも言っている。オックスフォードでのウェスレーの仕事は他の人に代わってもらえないけれども、エプワースの仕事は他の人でもできる、というわけである。また、父サムエルへの手紙には、「問題は、他の人々に対して私がより多くの善をなし得るのは、ここかそちらか、ということではありません。どちらにいたほうが、自分自身に対してより多くの善をなし得るか、なのです。というのは、私が自分自身もっともきよくなれるところでこそ、私は他人のきよめをもっとも強く促進することができるからです」と言っているが、これに対して父サムエルは、人生の進路を決定するに当たって私たちがおもに考えねばならない事柄は、「かわいい自分ではなく神の栄光であり、どちらに進んだほうが神の栄光をより大きく促進できるかである」と答えている。父サムエルからジョンの決心が動かされないものであることを聞いた兄サムエルはジョンに手紙を書き、ジョンに見られるのは自己愛であり隣人愛ではないし、ジョンは司祭としての按手礼を受けた時に、神の前に実際伝道をなすべく誓ったのであるから、エプワースの司祭職を断る理由がない。それに、父サムエルにジョンが、オックスフォードを離れたら完全追求の生活ができなくなると書いたそうだが、教区で実際伝道に当たる司祭が完全追求ができないなどというくだらないことは、ジョン以外の人物の頭に入ったことはない観念である、と非難している。

確かにウェスレーが按手礼を受けたのは大学でテューターとして働くためでなく、実際伝道をなす誓いをしたのであるから、兄サムエルのこの非難はいちばん痛かったであろう。そのためであろうか、ウェスレーは決心を変えてしかるべきところにエプワースの司祭職を得るべく申し出たのであるが、ウェスレーのトーリー的な政治的立場が災いしてこれに失敗した。

「私のおもな動機」

このようなウェスレーが、なにゆえに間もなく、他の「神聖クラブ」の友人たちと共に宣教師としてアメリカに渡ったのか、私たちはその詳細を明らかにされていない。オックスフォードへの執着がウェスレーが手紙で表現したほどに強いものではなく、事実はウェスレーがオックスフォードに幻滅していたからか、女の友人たちとの交わりから逃れる良い手段であったからか、成功はしなかったけれども既にオックスフォードを去ってエプワースの司祭職を得ようと決心してしまった後だったからか、多くの推測がなされうるであろう。それらの推測にとって大事な資料がもう一つここにある。それはウェスレーが一七三五年一〇月一〇日に友人のジョン゠バートンに書き送った手紙であるが、その一節を引用してみよう。

私のおもな動機は――それに対して他のすべてが従属しているのですが――私自身の魂を救うという希望です。私の希望は、キリストの福音を異教徒に説教することによって、その真の意義を学ぶことです。異教徒たちは、聖書本文を解釈し去って別の意味に変えてしまうような注釈を聞いていませんし、聖書本文を堕落させる空しい哲学ももっていません。彼らは、聖書本文の示す不快な真理を和らげるような、地上的な心と信仰、キリストの霊とこの世の霊とを和解させるような、おごった・官能的な・強欲な・野心的な解説者たちももっていません。彼らには党派もなく、仕えるべき主義もないので、福音をその単純さにおいて受けるにふさわしいのです。彼らは小さい子供たちのように、謙遜で、学ぶことを喜び、神の意志を行うに熱心です。したがって、彼らは、私が説教する一つ一つの教理に関して、それが神からのものであるかどうかを知るでしょう。それゆえに、私はこれらの事柄によって、かつて聖徒たちに伝えられたあの信仰の純粋さを学ぶことを望んでいます。地上の事柄に心を配る人々には、誰にも理解できないような、これらの律法の真の意味と十全な範囲とを私は学びたいのです。

この手紙から読みとれる確かなことの一つは、ウェスレーがジョージア行きを自分の魂を救うためであると考えていたことであるが、これはまさに「神聖クラブ」の意図そのものであった。すなわち、ジョージア行きは「神聖クラブ」の延長線上にあると言える。牢獄を訪れたり貧しい人々を助けたりしていた「神聖クラブ」の学生たちがエゴイストであったというのは酷であるかも知れないが、彼らが一見立派なこれらの慈善行為を手段として達成しようとした目的は自分たちの魂をきよめること、自分たちが救われることであったが故に、これは宗教的エゴイズムであったと言われても仕方がないであろう。

もう一つこの手紙から読みとれる事柄がある。ここで異教徒と書かれているのは、アメリカ―インディアンたちのことである。当時のウェスレーの考えによると、インディアンたちは文化の悪影響を受けていないで、自然に最も近い生活をしているが故に、きわめて素直に福音を受け入れるであろう、と言うのである。これは、人間性についてのルソー的楽天主義であると言わざるを得ない。

このような二つの誤った考え――すなわち、その一つは自分の魂の救いにすべてが集中されて考えられていたことであり、もう一つは、インディアンたちに対する誤った楽天的な考え方である――が、最初からウェスレーの伝道を失敗させる要因であった。なぜならば、自分の魂の救いを求めることがその最大の目的である人間に、よごれとけがれのただ中に立って、人々の罪をゆるしながら伝道に励むということはおよそ不可能なことであり、また、インディアンたちに対する楽天的な見方は、必ずウェスレーに失望を与えたであろうからである。しかし、後者について言えば、実際問題としてウェスレーは、ジョージアに上陸してからインディアンに伝道する機会を与えられなかったのである。このこともまた、ウェスレーに大きな不満を与える原因になった。

ジョージアへの出発

前にあげたウェスレーの手紙は、ジョン＝バートンに宛てたものであったが、バートンはオックスフォード大学のコープスークリスティーカレッジのテューターであった。ウェスレーがジョージアに行くようになったのは、バートンが前からジョージア植民地に興味をもっていて、ロンドンでたまたま会ったウェスレーをジェイムズ＝E＝オグレソープに紹介したことがきっかけをなしていた。オグレソープはサレー出の貴族で、父の地位を受

オグレソープ

け継いで議会に議席をもつに至った。彼は軍人であったが、また、早くから人間愛に燃えていた。今日では想像もつかない事柄であるが、当時のイギリスの刑法は苛酷なものであり、取るに足りない窃盗のための刑罰が絞首刑であったりした。そして、毎年約四〇〇〇人が前にも述べたように貧しさのために投獄されたのである。ある者は少額の負債のために、ある者は軽率な売買契約のために。オグレソープは議会に牢獄の事情を調査する委員会を作ったが、その結果、相当数の負債者が日の目を見るに至った。ところが、牢獄から出てきた彼らをどうするかが大変な問題であった。そこでオグレソープとその友人たちとは、当時荒野のごとき状態に捨ておかれていたジョージアに目を付け、そこに彼らを送ろうと考えた。したがって、一七三二年六月九日に国王ジョージ二世から勅許状を得て、オグレソープの他に、バートンを含む二〇人の評議員がこの植民地の責任をもつように任命されたのである。

オグレソープとバートンとは、ウェスレーとその「神聖クラブ」の友人たちがジョージアに出かけて、その住民たちの霊の救いのために働いてほしいと熱心に希望した。そこでウェスレーは、兄サムエルや当時まだ指導を仰いでいたウィリアム＝ローとも相談し、また、母スザンナの励ましも得て、これを承諾し、弟のチャールズ、「神聖クラブ」の友人のベンジャミン＝インガムとチャールズ＝デラモットと共に、オグレソープに伴われて一七三五年一〇月二一日、シモンズという船でジョージアに向け出発した。

この航海の途上での有名な出来事は、同じ船にモラヴィア教徒の人々が乗り込んでいたことであった。ウェスレーに最も強い印象を与えたことは、波が大いに荒れた時にも、モラヴィア教徒が実に厳粛な落ち着いた様子をたもっていたことであって、彼は、モラヴィア教徒が、全然死を恐れていないと語ったことに深い感動を覚えた。もちろん、私たちは、モラヴィア教徒が、自分たちは死を恐れないとウェスレーに明言したのは、多分に信仰的な誇張であったと思う。死が怖くない人間はいないし、いたとすればその人は精神的に病的である。しかし、人を信じやすかったウェスレーは、モラヴィア教徒の言うことを真に受けて、単純に素直に彼らに感動したのである。

死への恐怖とモラヴィア教徒

この当時のウェスレーには死の問題に気をとられているところが目立つが、彼はオックスフォードにおいても同じ状態であった。一七三二年二月二八日、及び、一七三三年二月一五日に母スザンナに書いた手紙から、そのことは明らかである。ウェスレーはそれらにおいて、命の短いことを嘆き、自分が生きることを学ぶ前に死ぬのではないかと恐れている。スザンナが、あまりにもウェスレーが救いの問題を考えつめているのでそれを制止したのに対して、ウェスレーは自分がスザンナの年まで生きられるかどうか分からないが故に、スザンナの言うように、まだ若いのだからそれほど考えつめなくてもよいと言うのは当を得ない、と書いているのである。

しかし、ウェスレーは死への恐怖が人間を信仰に導くとも、また、死への恐怖から生まれた信仰が正しいものとも考えていない。これは後に、ウェスレーが死の恐怖や地獄の刑罰を説教することによって人々を悔い改めさせようとはけっしてしなかったという事情と呼応する。ウェスレーはジョージアへの航海において、海が大いに荒れたとしても凪《なぎ》になると大部分の乗客や船員たちにとっては、生活は平常どおり進行し、神と永遠とについて彼らが考えるのは危険に出会った時だけであるのに注目している。そして、ウェスレーは、神への愛から神を信じるに至らない者は、恐怖から神に服従することは絶対にない、と『日誌』に書きつけている。

ウェスレーに大きな感銘を与えたモラヴィア教徒とは、どういう人たちなのであろうか。さかのぼって考えれば、その起源は宗教改革前の宗教改革者と言われるボヘミアのジョン＝フスの追従者のある者たちにあるであろう。フスの殉教は一四一五年のことであったが、その後、フスの教えの精神を維持しようと望む者たちが、ボヘミアとモラヴィアにわたって集会を形成した。一四五七年には、ボヘミアのクンヴァルトの付近で、フスの説いた教えに従って協会が形づくられたが、これが兄弟団であった。一四六七年には、協会員の一人がヴァルド派の主教ステフェンによって主教として聖別されたが、このため兄弟団はローマ教会から分離するに至ったのである。迫害の結果、兄弟団の会員はボヘミアとモラヴィアから追われ、ポーランドやオーストリアその他に逃れた。三十年戦争の後になると、ごく少数の者たちが信仰を維持していたにすぎない。一七二二年に、彼らの一団がツィンツェンドルフ伯爵の所領たるサクソニアに避難してきて、そこにヘルンフートという町を建設したのである。やがてこの群れの指導者となったツィンツェンドルフは、この運動をルーテル教会内の敬虔主義運動として育て上げていった。

モラヴィア教徒は教会の一致と個人の献身した生活を強調し、聖書をその信仰と実践の規準とした。彼らはその教えと聖礼典の執行を、使徒たちの範例と教えの上に基礎づけており、その組織は穏健な主教制であって、主教（bishops）・長老（presbyters）・執事（deacons）の三序列があった。また、彼らは福音宣教に非常な熱意を示し、一七三二年以来その伝道活動は西インド諸島、北アメリカ、南アメリカ、アフリカ、アジアにまで及んだものである。

第二の回心

理解されない品性と教養の高さ

ウェスレーたちを乗せた船、シモンズ号は一七三六年二月五日にサヴァナの港に着いた。ところでウェスレーのジョージア伝道は、完全な失敗であった。その理由はおもに三つあったように思う。その第一は、ウェスレーの品性や教養の高さが、粗野な植民地の人々に、理解されなかったことである。悲しいことに卑小な人間は、ウェスレーのような高貴な心の裏に、自分と同じようなよごれた動機を想像しなければ堪えられなかったらしい。きれいなものを、よごしてしまわなければ生きていけない人々もいるのである。自分のよごれからくる悪魔的な劣等感の生み出す悲劇である。ジョージアでのウェスレーが、このような悪魔的な行動の対象になったことは、疑うことができない。例えば、この当時の『日誌』の中に点在して書かれているホーキンズ夫人のウェスレー兄弟に対する態度などは、そう考える以外に説明のしようがない。

ホーキンズ夫人は、ウェスレーたちと同じシモンズ号でサヴァナに渡ってきた女性であった。船上ウェスレーは国教会の会員に対しての精神的責任を感じ、司祭としての配慮から多くの人々と接したけれども、彼女もその中の一人であった。彼女の品性に関して人々から種々警告されたにもかかわらず、人を信じやすかったウェスレーは、彼女の潔白を信じていたようである。

ウェスレーがジョージア伝道の最大の目的としていたのは、既に述べたごとく、インディアンに福音を述べ伝えることにあったが、実際には、ジョージアに来てみると、ちょうど司祭のいなくなるサヴァナの町の国教会の教区司祭として働かざるを得なくなってしまったのである。そして、オグレソープの秘書という名目で来た弟のチャールズも、フレデリカの町において司祭としての責任をとった。彼らの教区民には、わずかな負債のためにイギリスで獄にいたが解放されたまじめな人々や、冒険を求めて一かせぎしようと思ってきた者たち、元来怠惰でなんとなく植民地に流されてきたような人たちなどがいた。けっして働きやすい教区ではなかったと言える。前述のホーキンズ夫人はフレデリカで医者と結婚し、その付近の指導的な婦人となった。彼女は自分の偽善的な生活をチャールズに見ぬかれたと思ったのであろうか、彼を非常にきらい、友人ウェルチ夫人と計って彼を陥れようとした。二人はチャールズに、自分たちがオグレソープと姦淫を犯したことを告げた。これがいつわりであることを疑ってもみず、軽率にもチャールズはオグレソープを責めた。当然のこと、オグレソープは怒り、司祭としてそこでチャールズが働くことが不可能な状態となったので、彼は兄に助けを求めた。弟を助けるためにフレデリカに来たジョンとホーキンズ夫人との間には、いやな場面が展開された。彼女がウェスレーをピストルで撃とうとしたが、彼が先にピストルをつかんでしまったので、彼女ははさみをもってウェスレーに打ってかかり、洋服の袖を切ってしまった。ウェスレーが彼女の腕を押さえた時に、彼女はひどくかみついたということである。チャールズはこの事件の後、イギリスに帰ってしまった。ホーキンズ夫人は極端な一例であるが、ウェスレーたちにも世間知らずからくる落ち度がなかったとは言えないにしても、やはり、植民地の人々には荒々しい気風があったし、その中にはウェスレーたちの敬虔に我慢できない人たちが数多くいたのである。特に、この当時のウェスレーの高貴さが、まだ、貴族の手に百姓のグローヴをはめたトルストイの高貴さを脱していなかったのだから、事態はなおさら悪化した。よごれている人々の心を洞察し、それに温い理解と同情とをよせながら、しかもそれに妥協しないで、かえってその魂を高貴さの理想の追求にまで駆り立てて、その追求の苦しみを共に負うような福音的な高貴さは、アルダスゲイト街での回心以後、長い伝道者としての過程においてだんだんとウェスレーが自分のものにした品性であった。

高教会主義への反発

第二は、ウェスレーの高教会主義が、ジョージアの人々に反感を起こさせたことである。例えばこの当時、ウェスレーは原始教会のバプテスマは信者の全身を水に漬ける浸礼であったと信じていた。そこで、病気の場合は別として、浸礼によらなければ幼児バプテスマを施さないと主張した。そして、両親が浸礼に反対したがために、町の役人パーカー夫妻の子供にバプテスマを施すことを拒絶した。チャールズも父と子と聖霊のみ名を唱えることに一回ずつ、すなわち三回浸すことによって幼児バプテスマを施したのである。日曜には、ウェスレーは三回の礼拝を司会した。五時に朝拝、一一時に聖餐式と説教、三時に夕拝であった。また、ウェスレーは順序をきめて、一日に三時間、教区民の家を訪問して歩いたのである。

こういうウェスレーの司祭としての生活が、サヴァナの住民たちの注目の的になったことは容易に想像できる。住民の中には、ウェスレーがあまりにもしばしば礼拝出席を要求するので、人々を怠惰にすると不平を言うものもいたし、後述するソフィア＝クリスティアナ＝ホプキー嬢との親しい関係もゴシップの対象となったが、ウェスレーがある人々によってひそかなローマ＝カトリック教徒であると非難されたのは、ウェスレーの高教会主義を反映していて興味深い。タイアマンは、ウェスレーの側にこの非難の根拠となるものがあったとし、三点をあげている。①ウェスレーは、非国教会派の人々が聖餐にあずかるのを拒んだ。彼らが聖餐式にあずかるためには、その信仰と教理とを捨てて、ウェスレーから再度バプテスマを受けなければならなかった。②ローマ＝カトリック教徒も、国教会員と同じく聖書的な意味での聖徒として取り扱われた。③ウェスレーは告解、罪滅ぼしの苦行・禁欲を要求し、聖餐式のぶどう酒に水を混ぜた。また、ウェスレーは四世紀の書物で初代教会の実態を伝えるものとして重んじられていた『使徒の規約』に従って、婦人執事を指名した。

以上の二つが、第三の理由としてこれから述べるウェスレーの恋愛事件が起こった時に、多くの人々がウェスレーの敵にまわる原因となったのである。

ホプキー嬢との恋愛事件

第三は、ウェスレーとソフィア＝ホプキー嬢との恋愛事件である。ホプキー嬢は、トーマス＝コーストンという人の妻の姪であった。トーマス＝コーストンは、サヴァナの町の、治安判事の長であった。ウェスレーは上陸後間もなく、ホプキー嬢と知り合った。ホプキー嬢はウェスレーにフランス語の勉強をみてもらうことを頼み、オグレソープも、なんとかしてウェスレーとホプキー嬢との間をとりもとうと苦労したようであった。このようにして若い二人の間には愛情が生まれていったようである。

ところが、ウェスレーは、独身生活の方が結婚生活よりも、聖職者としての召命にかなっているのではないかという高教会主義者に時に見られる迷いから、この女性と結婚するかしないかということについては、はなはだ不明瞭な態度をとったようである。ある時にはホプキー嬢と結婚するという態度を見せたかと思うと、ある時にはそれを拒絶するような態度を見せたように思われる。

一生涯、ウェスレーの結婚に対する考え方は、ウェスレーの否定にもかかわらず、カトリック的であったと私は思う。そして、彼自身後に結婚しているし、独身生活の方がよりよいとする彼の考え方とその結婚との関係もはっきりしない。一七四三年に、ウェスレーは『結婚と独身について』という小冊子を出版しているが、その中で彼は、ある人々に結婚を禁止するローマ教会の教理は悪魔の教理である、と言っている。人は、結婚生活に入っても、独身の時と同じようにきよい状態にいられるのである。しかし、結婚を控えることのできる少数者は幸福であり、彼らは、あらゆる家庭におそかれ早かれ起こってくるところの無数の苦しみをまぬがれることができる。彼らは、他のものに勝って一人の被造者（妻や夫）を愛するという、あらゆる紛糾のうちの最大のものから自由である。彼らは、自分自身を修養する余暇をもっているし、扶養しなければならない配偶者や子供もないが故に、もてる地上の資産のことごとくを神にささげることができる。したがって、これらの利益を享受している独身者は、その状態を守り続けるように注意しなければならない。この小冊子の出版はウェスレーが四〇歳の時のものであるが、七〇歳の時にも、この考えは変わらなかったということである。

さらにウェスレーは、占いの結果から結婚を躊躇したのである。彼はこのホプキー嬢との結婚が正しいものかどうかということを決定するために、サヴァナ上陸後もずっと尊敬して付き合ってきたモラヴィア教徒の監督ニッチマンに相談した。そして、モラヴィア教徒の習慣に従ってくじを引いて、そのくじの決定にウェスレーは従うことになったのであった。そのくじの結果、ウェスレーはこれ以上ホプキー嬢との関係を続けてはならない、という結論が出てきた。くじによって事柄を決するというモラヴィア教徒の慣習は、「使徒言行録」一章に出てくるところの、一二弟子のうちイエスを裏切って死んだユダの代わりに、マティアをくじによって選出したという聖書の記事に根拠をもっている。今日の私たちから見て、これは占いであると言わざるを得ないが、後の生涯においてもウェスレーはしばしば占いによって事柄を決している。聖書をどこでもよいから開いて、最初に目に入ってくる聖句によって決めるのである。

ところでホプキー嬢は、ウェスレーのにえきらない態度に業をにやして、ウィリアム＝ウィリアムソンという男性と突然結婚してしまったのである。

このウェスレーとホプキー嬢との恋愛事件に関しては、多くの伝記作者がホプキー嬢に同情的である。例えば、マコンネルは、「二人が最初出会った時から、ホプキー嬢は健康な人間のように行動した。しかし、ジョン＝ウェスレーは必ずしもそうではなかった」と言っている。

表面的には、このマコンネルの批判が正しいように思われるが、果たして本当にそうであろうか。なるほど、ソフィア＝ホプキーは、世間並の健康な一八歳（ウェスレーはこの時三三歳）の女性のように行動した。ウィリアムソンと結婚するという間際になっても、それを一つの手段として、ウェスレーを自分との結婚に踏みきらせようとした事実などは、これを物語っている。しかし、ウェスレーの求めていたのが、世間並の健康な女性だったのであろうか。無意識にではあるけれども、ウェスレーの求めていたのは、スザンナのように普通でない高貴な女性であって、ソフィア＝ホプキーとの結婚に躊躇したのには、彼自身の独身生活をよりよいとする考え方と共に、彼女に当てはめるスザンナの高貴なイメージが適合しないということへの直観的な認識が、その無意識的な原因となっていたのであろう。

サヴァナよりの逃避

ウェスレーは、結婚後のウィリアムソン夫妻に対しても、司祭としての務めを一生懸命果たそうと努力したようである。ごく自然なことであるけれども、夫のウィリアムソンは、妻のソフィアが、これ以上ウェスレーと個人的に親しい交際を続けるのをきらった。そして、彼女がこれまでウェスレーと個人的にしていた宗教的な勉強を、これ以上しないようにソフィアに要求した。ところが、ウェスレーは、ウィリアムソン夫人の態度が、これまでと異なっているということを難詰したらしいのである。その後、コーストンが部下の者たちをひきつれてウェスレーのところに来て、なぜ彼がウィリアムソン夫人を難詰したかと非難しその弁明を求めた。ウェスレーは、自分が司祭としての務めをなすに当たって、コーストンのしているように治安判事という政治的な立場から干渉されてはならないと主張した。このようにして、ウィリアムソン夫妻とコーストンたち、及び、ウェスレーとの間には、激しい対立が始まった。

それから数週間後に、ウェスレーは、ウィリアムソン夫人に対して聖餐式にあずかることを拒絶した。この行動に出たウェスレーの理由は、ウィリアムソン夫人が礼拝出席を怠ったりなどして、教会員としての義務をつくさなかったということであった。

遂に、ウェスレーは、ウィリアムソン夫妻によって訴えられ、裁判にかけられることになった。

明らかに、法律的に言うならば、教会の事柄は教会の法廷において論議されなければならないことであって、ウェスレーがその裁判でそれらに関する発言を拒絶したことは正しかった。ウェスレーの言うごとく、彼がウィリアムソン夫人に対して何を話し何を語ったか、それによって彼女の名誉を毀損《きそん》したかどうかに関係する訴えこそ、このサヴァナの裁判が決着をつけねばならないものであった。ところで、いろいろな意味でウェスレーに不満をもっている人々が、多く彼に反対したため、彼は自分の家を一歩も出ることを許されなかった。わざと引き延ばされて、いつ終わるともしれない裁判を耐えることができなかった彼は、イギリスにあるジョージアの評議員会に提訴するためジョージアを去ると公言し、遂に数人の友人と共に、一七三七年一二月二日、サヴァナの町を夜になってから逃げ出した。それは湿原や密林を通っての非常に苦しい逃避行であったが、彼は無事に一二月二二日、故国に向けてポートーロイヤルから出航することができた。グリーンが言うように、ウェスレーの逃避行をなんとしてでも押しとどめようとした者が誰もいなかったところを見ると、サヴァナの多くの住民たちにとってウェスレーの逃避がこの難しい問題の最善の解決方法と思えたのであろう。ウェスレーにとっても、ジョージア伝道の当初の目的であったインディアンへの宣教は、初めのころにある部族の首長トモチチと出会ったりはしたが、一向に進展しなかったのであるから、この点では心残りもなかったであろう。

伝道失敗で得たもの

このように、ウェスレーのジョージア伝道は、完全な失敗に終わった。しかし、この失敗を通して、ウェスレーの得たものがあった。それは、自分自身の罪深さの認識であると共に、もはや人間に対してルソー的な楽天主義が許されないということの自覚でもあった。イギリスに帰る途中の彼の『日誌』を見ると、自分の努力により善行を積み上げることによって神の前に義人と見なされようとしたことが、いかにむだであったかを、つくづくと彼が知るに至った事情が良く理解される。善行さえもが罪によごれていて役に立たないからである。ウェスレーがイギリスのディールに上陸したのは一七三八年二月一日であったが、その日付の『日誌』に彼は次のごとく書いている。

　私が自分の生まれた国を去ってから、今で約二年四か月になる。それは、ジョージアのインディアンたちにキリスト教の本質を教えるためであった。しかし、その間、私自身何を学んだか。なんとそれは、私が全く想像もしなかった事柄である。他人を回心させるためにアメリカへ出かけた私が、これまで神へ回心していなかったのである。このように語っても、「私は気が狂っているのではない」。……

　それゆえに、地の果てに行って私が学んだことはこれであった。私は「神の栄光にまで届いていない」し、私の心はすみずみまで「全く汚れていて、忌《い》まわしい」。したがって、私の全生活がそうなのである（なぜなら、「悪しき木」が「良き実を結ぶ」ことはあり得ないからである）。

私は、神の命から「遠ざか」っているが故に、私は「怒りの子」であり、地獄の相続人である。私の行為、苦しみ、義は、怒りの神に私を和解させることなどとてもできない。それらは、私の罪のきわめて小さいもののためにも、あがないを提供することなどできないのである。そして、私の罪は「私の頭髪よりも数が多い」。私の行為・苦しみ・義のうちもっとも美しいものでも、それ自体あがないを必要とする。さもなければ、それらは神の正しいさばきに耐えない。私の心の中には「死の宣告をもち」、自分の中には、また、自分からは、言いわけになるようなものを何ももっていないが故に、「イエスにあるあがないによって」自由に義とされるということを除いては、私には何の希望もない。求めるならば、私はキリストを発見するだろうということ以外には、私には希望がない。「キリストに見いだされて、自分自身の義ではなく、キリストを信じる信仰による義、信仰によって神から与えられる義をもつ」ことだけが私の希望なのである。

ここで彼は、全く自分自身の獲得する義に絶望している。そして、救いは、イエスのゴルゴタの丘の上での十字架上の死が、私たちの罪の身代わりに神の怒りを受けて下さった死、贖罪死であったことを信じることによってだけ与えられることをウェスレーは信じている。これは、彼がジョージアに行く途中で出会い、それ以来ずっと交際を続けてきた、あのモラヴィア教徒の影響である。すなわち、ウェスレーは、宗教改革者マルティン＝ルターの信仰による義認の教理を、モラヴィア教徒を通して知ったのである。

モラヴィア派の指導者ベーラー　このような事情を知れば、一七三八年二月一日以来イギリスに来ていたモラヴィア派の指導者ペーター＝ベーラーとの交際をウェスレーが積極的に求めたことは理解できる。ちょうどそのころ、ベーラーはロンドンに滞在していて、五月四日には、カロライナに向かって出発したのであったが、二月七日からその出発するまでの間、ウェスレーはできるだけ多くの機会を求めてベーラーと交際した。この交際の中に、真剣に、信仰によってのみ義とされるという福音の真理を自分のものにしようとのウェスレーの努力がみられる。自分より年も若し（当時ベーラーは二六歳）信仰や学問の経歴も浅いベーラーから、ウェスレーは謙虚に真の信仰を学ぼうとしていると同時に、新しい信仰の理解に頑強に抵抗もしているのであるが、しかし、ウェスレーはこの戦いにおいて敗北者であった。ベーラーによれば、キリストへの真の信仰は、不可分離に二つの実を結ぶものであった。それらは、罪への支配（自分の罪に打ち勝つこと）と、神によって自分の罪を赦されているという意識からくるところの、心のたえざる平和たる幸福であった。ベーラーの言うとおりであるならば、ウェスレーは真の信仰をもっていなかったことになる。そこでウェスレーは、これらの実がなくても信仰はあり得るということを、懸命に証明しようとする。ベーラーはウェスレーの希望どおりに、聖書と体験に根拠を置いてそれらを考えさせる。聖書を調

弟チャールズ

べた結果、ウェスレーはベーラーが正しいことを認めるが、体験は、ベーラーの主張するごとくに聖書の文字どおりの解釈を証明しないだろうと思う。ところがベーラーは、その体験をもった三人の友人たちをウェスレーのところに連れてきて、ウェスレーの最後の砦を奪取してしまう。次に、ベーラーはこの信仰が、瞬間的に与えられるものであることを主張する。ウェスレーは再び聖書と体験を調べてみて、ベーラーの正しいことを確信させられる。そして、ウェスレーは次のように『日誌』に書き付けている。

　私は今や全く確信した。そして神の恵みによって、私はそれを最後まで追い求めようと決心した。①全体的にも部分的にも、自分の行為や義に少しでも依存することを全く拒否することによってそれを追い求めよう。若いころから、自分では知らなかったとはいえ、実際に私は、救いの希望を自分の行為や義に基礎づけてきたのであるが。②この当のもの、義とし救うところの信仰を求めての絶えざる祈りを、他の恵みの手段（聖餐式や祈りなどの、教会生活にみられる、神の恵みにあずかるための手段のこと――著者註）をいつも使うことに付け加えよう。この信仰は私のために流されたキリストの血に全く信頼することであり、私のキリスト、私の唯一の義と聖化とあがないとして、キリストに頼ることなのである。

このように回心の体験以前に、ウェスレーは論理的に信仰によってのみ与えられる義認の教理を、聖書的で正しいものと確信しているのである。

ジョンと同じような内的な戦いをチャールズも体験していたのだが、回心の体験はチャールズの方に先に訪れた。それは一七三八年五月二一日のことであった。ジョンの回心はわずかにおくれて、五月二四日の出来事であった。

第二の回心の体験

その日の朝五時ごろに起きたウェスレーは、聖書を開き「尊く、大いなる約束が、わたしたちに与えられている。それは、あなたがたが、世にある欲のために滅びることを免れ、神の性質にあずかる者となるためである」（第二ペテロ一・四）という言葉を読んだ。外出する前にもう一度聖書を開いて見たところ、「あなたは神の国から遠くはない」という言葉を読んだ。午後には聖パウロ教会の礼拝に出席し、その夜、あまり気が進まなかったにもかかわらず、彼はアルダスゲイト街にあったモラヴィア派の雰囲気の強い会合に出かけた。そこで、ある人が、ルターの書いた「ローマ人への手紙のための序文」を読んでいた。ちょうど、ルターが、信仰とは何であり、そして信仰のみが人を義とすると書いているあたりにきた時、九時一五分前頃——とウェスレーは書いているが——ウェスレーはあの第二の回心の体験をしたのであった。

彼は『日誌』に次のように書いている。「私は私の心が不思議にあたたまるのをおぼえた。私は、救われるためにキリストに、ただキリストのみに信頼した、と感じた。そして、この私の罪をキリストが取り去ってくださり、罪と死との律法から私を救ってくださったという確信が与えられた。……そこで、私は、はじめて今私の心の中に感じた事柄を、公にそこにいるすべての人々にあかしたのである」。

ウェスレーのこの第二の回心を理解するにあたって、私たちは次の事柄に注意しなくてはならない。第一に、この回心は、真実に宗教改革的で福音的な回心であったということである。それまでのウェスレーは、高教会的な教理の上に立って、魂に注入される神の恵みに支えられたところの人間の良い行為によって救われると確信していた。ところが、今は明確に、たとえそれが神の恵みによって支えられているものであっても、人間の良い行為によっては救われないということ、徹底的に神の恵みのみによって人は義とされるということを理解したのであった。だから、ピエトやトッドのように、第二の回心に、少しも特別な意味を認めないで、第一の回心のもっと徹底したものにすぎないというのは、誤っていると思う。この第二の回心は、ウェスレーの生涯にとって、やはり決定的な重要性をもっていたもので、ウェスレーが国教会のもう一つの大きな伝統であるところのカルヴァン主義的ピューリタニズムに、その中心部分で一つとなったことを意味する、と言わなければならないであろう。

しかし、このことはもちろん、第一の回心前後のウェスレーと、その第二の回心との間には質的断絶のみが存在するということを意味しない。換言すれば、私たちは片時も忘れてはならないのである。一七二七年三月一九日、母スザンナにリンカーン-カレッジからウェスレーが書き送った手紙の中に、原罪と神の摂理の問題に悩んでいる彼を私たちは見いだす。いかにもウェスレーらしく、それが自分の実存的な問題として取り上げられている。彼は自分の不完全さが、神の恵み深い摂理からはずれていないと考える。どうして無限の善なる神が、ウェスレーがそれが罪であることを知る前に、罪の習慣を負わせたのか。ここで彼を苦しめているものは、まさに、人間は生まれながらにして罪人であるというキリスト教の主張、つまり原罪の問題であるが、人間がこの地上にいる限り、人間の理性は神のみ心をおぼろげにしか理解し得ないけれども、原罪が存在することも神の摂理の中にあることをウェスレーは信じている。そして、悪から善をつくり出し得る神の力を思い、自分の不完全さが自分にとってよきものを生み出し得ることを信じている。

原罪と神の摂理

それゆえに、原罪の理解がモラヴィア教徒との接触を通して初めてウェスレーに与えられたなどと考えることは、もちろんのこと事実に即していない。また同様に、人間の不完全や過ちに対して神があわれみをもって臨まれるということも、ウェスレーにとって新しいことではなかった。一七三一年八月一二日にウェスレーがメアリー゠ペンダーヴズに書き送った手紙の中で、祈りの折に、それに注意を集中できないし、聖餐を受けるに当たって不安を覚える一人の女性のことが話題となった。ウェスレーは、その女性の繊細な良心をむしろうらやみ、人間は地上に生きる限り天にある神の天使たちのごとくにはなれず、誰も不完全さを払い捨てるわけにはいかないのであるから、神も人間がそうせざるを得ないですることに対しては不快感をおもちにならない、とその女性を慰めている。ウェスレーによれば、それが神の善なのである。

罪の赦しについて

しかし、第一の回心と第二の回心とは明瞭に違うのであって、それは、ウェスレーが罪の赦しをどのように考えていたかに明らかである。この点で、シュミットがこれまでほとんど注意されたことのなかった、母スザンナへの一七三〇年二月二八日のウェスレーの手紙の重要性を指摘しているのは正しいと思う。リンカーン＝カレッジから書き送ったこの手紙の中で、ウェスレーはジェレミー＝テイラーの罪の理解に触れて、彼の書物から引用しそれに賛成している。手紙の重要と思われる箇所を訳してみよう。

私が特に好むのは、彼の罪の赦しに関する説明です。これほど明瞭な説明に、私は初めて出会いました。「福音における罪の赦しは聖化である。私たち一人一人をその罪からそむかせることによって、キリストは私たちの罪を取り去るために来られた。……私たちは罪を憎み、恵みにおいて成長し、きよめの状態に到達していくのである。もちろん、この状態は悔い改めを必要とし不完全なものであるが、しかし、まじめな心と熱心な努力から成立しているのである。私たちがこの状態に成長していくその程度に応じて、私たちは罪の赦しに関しても判断しなければならない。……罪の赦しは秘密の文章でも言葉でも記録でもない。それは、私たちの状態に変化がもちきたらされることである。罪の赦しを求め、読み、理解するに当たっては、自分たちの上を私たちは見なければならない」。この点すべてにわたって、テイラーは正しく中庸の道を進んでいるように思われます。すなわち、彼は、罪の赦しの確信を悔い改めている者に与え、他の誰にも与えていないからです。

この手紙はオックスフォード大学時代のウェスレーのものであるが、ここでは神から与えられる罪の赦しが、人間が道徳生活において進歩するその程度に応じて与えられるものとなっている。つまり神学的に言うと、(人間の側の条件などを全く顧慮しないで神が与えてくださる罪の赦し、という喜びの)福音が、(人間の側の道徳的向上がととのった時にだけ神が人間を救って下さるという)律法(の道)に変えられていたのである。つまりこの当時のウェスレーには、聖化と義認とが区別されずに相互浸透しており、彼はカトリック的な高教会主義の義認論に立っていたのである。

このように見てくると、ウェスレーとモラヴィア教徒との出会いが、実に大きな意味をウェスレーに対してもつものであったことがよく理解されるであろう。ウェスレーに宗教改革的な信仰義認論を教えたのは、なんと言ってもモラヴィア教徒たちの功績であった。しかし、そこでも私たちは単に第二の回心という断絶のみを見て、その前後を結ぶものを見逃してはならない。シュミットも指摘しているように、また、私たちがこれまでの叙述で知っているように、ウェスレーはモラヴィア教徒の説く信仰義認論が聖書のそれであるかどうか、逐一聖書に当たって調べているのである。すなわち、高教会主義的な原始キリスト教への憧憬が信仰義認論を受けいれる地盤を提供しているのであり、したがってウェスレーが、その福音的回心の後も多くの点で高教会主義者であったという事実を、私たちは不思議に思う必要がない。

二つの回心をめぐって　ところで、第一の回心と第二の回心との間にある連続と断絶は、ウェスレー研究の基本的な方法論に関する議論をうむ。どちらの回心をウェスレーの生涯と思想を解く鍵とするのか、という問題である。これまでになされてきたウェスレー研究において、第一の回心こそがウェスレーを理解する鍵であるとした研究者は多数あり、ベルギーのピエト、イギリスのトッドやグリーンなどが著名であるが、この立場の人々にとっては第二の回心は固有の意味をもたず、第一の回心がより徹底した事件をさすにすぎない。つまり、ウェスレーの高教会主義に対して、何ら新しいものは付加されなかったのである。それに対して第二の回心を中心としてウェスレーを理解する人々も多い。ピューリタニズムとウェスレーとの関係を強く主張するモンクなどもその一人であるが、より広くウェスレーと宗教改革者ルターやカルヴァンたちとの一致を主張する研究者たち、ドイツのデシュナー、シュミット、レールヒ、アメリカのセルなどもいる。

しかし、私はこれらの二つの立場はいずれも単独では不十分と思うので、ウェスレーの世界を二つの焦点をもつ楕円のように考え、第一、第二の回心をそれら二つの焦点とした解釈を採っている。第二の回心を回ってこそ、ウェスレーの信仰義認論の強調や、後で述べる瞬間的完全化の主張などが十分に理解されてくるのである。また、楕円の一つの焦点を中心とする諸要素が、他の焦点を中心とする諸要素と浸透し合い、絡み合ってウェスレー独自の神学や敬虔をつくりあげている。両者の相互浸透のよい例がキリスト者の完全の教理であり、聖礼典の理解に関して言えば、ウェスレーは生涯の終わりに至るまで、高教会主義的であった。さすがに、ぶどう酒に水を混ぜるようなことは、第二の回心以後はしなくなってしまったが。政治的・社会的倫理においてもウェスレーは高教会主義的な共同体としての社会という考え方に基づいて行動していた。この点では、ピューリタンたちの個人主義的な色彩の濃い生き方とはだいぶ違ったものをウェスレーは見せている。したがって、第一の回心を焦点とするものと第二の回心を焦点とするものとが、彼のどの教理をとっても、どの行動をとっても、同じ仕方と程度とでの浸透や絡み合いを見せている、とは言えない。

そして、これら二つの焦点たる第一、第二の回心を結ぶ直線、靭帯《じんたい》のようなものがあったと私は考えている。それが神の霊（聖霊）の理解であって、神の霊は、第一の焦点では霊的物質的に考えられる傾向があったのが、第二の焦点ではむしろ人格的に人間に相向かって立つ面が強調され、神

エプワースの教区教会

は人間から神に対して意志的に（主体的に）決断する信仰を要求する。キリストにおいて表された神の愛を信じれば、どれほどの罪人であっても、そのままの状態で神との愛の関係に入れる（罪の赦し）というのは、霊的物質的な聖霊を心に注入されて自分が道徳的にきよくなったら神の愛に入れて貰えるという事情とは違って、私に向かって立つ汝としての神が強調されているのである。これら二つの焦点を両極とする直線は、一つ（の直線）でありつつ、両極から出てくるものが直線において相互に侵入しあって、しかも、人間の外側に立つ神が同時に内側に入り込む神であるという信仰の神秘的体験を形造る。

こういう聖霊論がウェスレーをもっともよく理解させると思うので、私はその意味でウェスレーの神学を聖霊体験の神学、プロテスタンティズムのなかにある聖霊運動の一つとして理解するスウェーデンのハラルト＝リントシュトレームやイギリスのヘンリー＝ベット、アメリカのリカーガス＝スターキーの立場に近い。これは第一、第二の回心のどちらかによってウェスレーを理解しようとする前述の二つの立場に対して第三の立場と言えるであろう。

科学的神学の先駆

これまでに私はなるべく事実に即してウェスレーの二つの回心について述べてきた。しかしこれだけでは、ウェスレーをせいぜいのところイギリス教会史の一七、一八世紀という断面で捉えたにすぎず、もっと大きなヨーロッパ文化の歴史の流れの中でウェスレーの回心の意義を把握したとは言えない。少し脇道に外れたり回り道をするように思われるかもしれないが、この点に関し重要な事柄だけでも指摘しておきたい。それには、アメリカの植民地ジョージアへ向かう船上のウェスレーのもった死への恐怖が理解のきっかけを与えてくれる。第二の回心以前のウェスレーには死への恐怖が特に目立つのだが。

いつの時代でもどのような状況のなかでも人間は死を恐れるものであるが、幸か不幸か人間は精神をもっている動物であるが故に、その死はものが破壊されるのとは違い、死に精神のニュアンスがまといつく。一人びとりの死がその人自身の個別なニュアンスを作り上げている。人間個人の独特なニュアンスだけでなく、その時代のもつ特性が個人の死に反映してくるので古代人と近・現代人では、死が違うニュアンスをもつであろう。誰でもが自然を神とみなして死は神の懐に帰ることだと思っていたとしたら（そういう時代があったかどうかは別として）、そこでの死は、自然が人間と無関係に存在しているにすぎない人々の死とは違っているであろう。

死に対する船上でのウェスレーの恐れは、私は一八世紀の自然科学が盛んになりつつあった時代の雰囲気と密接に関係していると考えている。彼が生きていた時代の人々は、まだダーウィンの進化論や、今日の私たちにとって常識化しつつあるような広大な宇宙を知っていたわけではないけれども、一六世紀に唱えられたコペルニクスの地動説は既に一般に受け入れられていた。中世においては人間は宇宙の中心とみなされていた地球上に、神の特別なはからいによって創造された寵児《ちょうじ》であったのだが、そのような人間の価値に対する中世の思い込みが地動説によって破られたのである。

　ウェスレーが母スザンナから勧められて読んだブレーズ＝パスカルも、開けゆく宇宙、広大になりゆく宇宙の中で、人間には存在するどのような価値があるのかについて思い惑ったのである。パスカルにとっての宇宙は、沈黙を守り、人間の価値について、また人間存在の意味について、何も語ってくれなかったからである。生きることの意味を見つけることができなければ、死は一切の終わりとしてまた無意味である。無意味な存在がいなくなるだけで、そのいなくなることにも意味はない。スペインの哲学者ミグエル＝ド＝ウナムノは子供の頃に、地獄の話を聞かされたり、死者がそこで苦しめられている絵を見せられたりしても、それほど恐れを感じなかったが、死によって人間が無に帰すことには心底恐怖を覚えたことを回想しているが、これは地獄での神の刑罰よりもニヒリズムを恐れる心である。刑罰する神が存在すれば、倫理的秩序も確立していることになるし、人間は生きる意味をそこに見出すことができる。

　しかし、人間が宇宙の中心であるという世界観、人間に最大の顧慮を払って神が宇宙を支配するという宇宙観が崩壊するならば、その世界観に依存してきた人間はもはや自分の存在の意味をそれによって確立することができない。その場合に人間は、全くのニヒリズムにおちいって存在や死に何の意味も感じなくなるか、それともパスカルが主張したように、世界観というような理性で確かめることのできるものに依存せずに、それでも神は存在するという方に（確かめずに、冒険的・意志的に）賭けて、生きる意味を肯定するか、これら二つのうちいずれかを選ばねばならなくなる。私はパスカルと同じようにウェスレーの死への恐れは、地獄への恐怖ではなく、もっと深くニヒリズムへの恐怖であったと考えている。その証拠には、彼が死に対するこれほどの恐れから解放されたのが、信仰という賭けの姿勢――これが私は第二の回心においてウェスレーが獲得したものであると思っているのだが――によってであって、何かの世界や宇宙を説明した哲学によってではなかったことである。ウェスレーがアルダスゲイト街の集会において九時一五分前頃に「私の心が不思議にあたたまるのをおぼえ……救われるために……ただキリストのみに信頼した、と感じた」ことの中には、理性によって構築された哲学的宇宙観などへの依存は全く認められず、一つの心理学的な事件、体験的な事実が存在するだけである。キリストに信頼するという決断（賭けをしたこと）が、ウェスレーの心に平安を与え、これでやっと自分のあるべき道を歩み始めたという、自分に対する自己確認が起こっただけである。外側にある事柄を実験して実証するという客観的な意味での科学的実証ではないが、ウェスレーは人間の心は神に到達して初めて平安を得るという事実を、モラヴィア教徒が体験したというこの事実を、自分に対して実験し実証したのである。

こういう体験的・主体的実証は（いつでもどこでも通用するという）客観的な普遍性をもたないが故に、自然科学の実証とは違うけれども、自分の心に対し試してみて、それが真実であることを実証するというウェスレーのやり方には、やはり当時の科学的なものの考え方が反映しているのである。神を信じれば、心が平安になり、神に従った道徳的にきよい生活を送れば幸福になれるということを、実証してみようとするウェスレーのやり方は、人間の本質は神を信じることによって完成されるという、言わば仮設のようなものを、体験で実証しようとするものであって、ウェスレー神学は後のシュライエルマッハーなどの科学的神学の先取りであった、と私は考えている。

パスカルとの違い

このように考えられる第二の回心から第一の回心を振り返ってみると、人間中心の世界観が崩れていく状況の中で、必死に客観的なもの、人間の外側にあるものにしがみついて自分の存在を支えようとしているウェスレーがそこに見られる。イエスの使徒たちからの伝承の継承、ぶどう酒に水を混ぜてまでしがみつく古代教会の在り方、そういう客観的なものにどっぷり漬かった中での慈善行為――こういうものへの依存は、ウェスレー自身も知らないでいる心の奥底にある、つまり潜在意識に巣食う、生きることへの不安から来ているとしか私には思えない。

第二の回心のあともウェスレーの高教会主義は残り続けたのであって、私もウェスレーの信仰世界を二つの焦点をもつ楕円にたとえたのであった。しかしこの楕円においては、第二の回心の焦点から第一の回心の焦点が、徐々にではあるが考え直され、修正され、深みを与えられていったのである。霊的物質主義的に考えられていた神の恵みも、向こう側に立つ人格的な神の人間との交わり、主体と主体との交わりの中で起こる神の精神の人間精神への浸透とし解釈されてくるし、道徳的生活にしても、それによって神の好意を獲得しようとするさもしくも悲しい根性からではなく、罪人のままで何もしないうちから、つまり神に愛して貰える客観的な支え（神に示せる功績）など全くもっていないうちから、神に愛されていることを知った人間が、そんなに愛してくれる神に対する有難さから行うものとなるのである。また宇宙論や哲学的世界観にしても――信仰のための支えであることはやめてしまったが――第二の回心の時や、その後の神体験という事実を踏まえて、もう一度その事実を重んじる理性によって形造られるものとなるのである。

　これまでの叙述で、ウェスレーは現代的なニヒリズムの解決の方向を、パスカルと同じように先駆けて示した人物として、キリスト教史上重要な位置を占めている、と私が書いても、読者は納得して下さるのではないか。私はこのようなウェスレーの信仰をかねがね実存論的なものであると主張してきたのであるが、パスカルとウェスレーとでは信仰の賭けの性格が違うこともここで言っておかねばならない。予定論について詳しいことは後で述べるが、パスカルはアウグスティヌスの予定論に立って、信仰の賭けは結局のところ神が人間の心の中に働いて人間になさしめるものであると考えたのに対し、ウェスレーは信仰は神の恵みの影響下における賭けではあるけれども、あくまで人間が自由に、主体的になす事柄であると主張したのである。

IV 伝道の旅

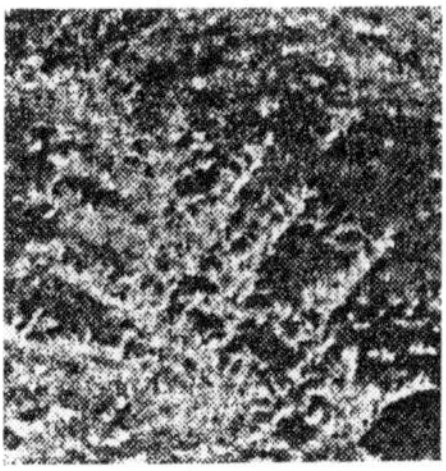

モラヴィアニズムとウェスレー

モラヴィアンの中心地へ　自己への絶望を心に秘めてウェスレーがアメリカより帰国したあとは、自信のなさから人々に説教することをやめてしまったのかと言うと、そうではない。彼は機会さえ与えられれば教会で説教した。第二の回心に至るまでは、悩みながらも相変わらず高教会主義的な説教をしていたのである。一七三八年三月五日の『日誌』の記事によると、ウェスレーはペーター＝ベーラーに、ベーラーの教えてくれるような正しい信仰が自分にはないことを確信させられ、自分は説教をやめるべきかどうかを尋ねている。ベーラーは「とんでもない」、やめてはならないと答え、何を説教したらよいのかというウェスレーの問いに、「信仰をもてるまで、信仰を説教しなさい。そして、それから信仰をもっているが故に、あなたは信仰を説教するでしょう」と言っている。

ところで、第二の回心のあとウェスレーは、自分に大きな影響を与えたモラヴィア教徒を訪れるために、一七三八年の七月から九月にかけてドイツに旅をしている。友人のベンジャミン＝インガムと一緒であったが、二人は六月一三日にグレイヴセンドをあとにして大陸に向かった。彼らはオ

ウェスレー（左）とツィンツェンドルフ

ランダを通過して、モラヴィア派の指導者ツィンツェンドルフ伯爵をマリエンボルンに訪ね、八月一日にはモラヴィア派の中心地ヘルンフートを訪れている。ウェスレーにとってツィンツェンドルフ伯爵の印象はあまり良いものではなかったが、ヘルンフートでは指導者クリスティアン＝ダヴィトに非常な好感を覚え、またその施設や雰囲気に深い感銘を受けている。

ヘルンフートで過ごした二週間は、ウェスレーを喜ばせた。彼は、その共同体のもつ雰囲気に有頂天になった。彼は兄のサムエルには「そこでの会話が天におけるがごときである教会と、私は一緒にいます」と書き送ったし、チャールズには「兄弟団の人々の精神は、私たちの期待のすべてを越えています」と書き送っている。ウェスレーの『日誌』に記しているところでみると、ヘルンフートの兄弟団はいくつかの群れ（choirs）に別れていた。結婚していた者たちの群れ、独身男性たちの群れ、独身女性たちの群れ、未亡人たちの群れである。これらの群れの一つ一つが、さらに一つが五人から七人くらいの単位である小群、班会（band）に細分され、班会は毎週二、三回集会して、そこで構成員たちが自分の宗教体験を語りあい、互いに信仰を励ましあった。兄弟団全体のために毎日三回の集会、すなわち、祈禱会、聖書を読む会、聖歌を歌う会があった。彼らはいくつかの家に分かれて共同生活をしていたが、各々の家で原始キリスト教のアガペー（愛餐）を行った。その折には、ライ麦のパンと水をとり、互いに「私たちの心の中の主イエスよ、永遠に生きてください」と言いあったのである。礼拝では男女は別々に座した。また、ウェスレーがジョージア伝道以来それを見習って行っていたもの、くじを引いたり、聖書を手当たり次第に開いたりしてその状況に対する神の意志を知るという方法が、しばしば行われていた。兄弟団は男性たちの選挙によって選ばれた一二人の長老によって形式的には治められていたのであるが、実際には頭たるツィンツェンドルフの独裁であった。

「私が疑問に思うもの」

このようにモラヴィア派（兄弟団）の人々に強い感銘を受けたドイツ旅行ではあったが、彼はこの旅行のおかげで、モラヴィアニズムに対する幻想的な尊敬から解放され、モラヴィアニズムの現実に批判の目を向けることができるようになった、とも言えるのである。ドイツより帰ってきてまだ二、三日しかたたないころ、ウェスレーはマリエンボルンとヘルンフートのモラヴィア教徒にあてて手紙を書いた。その手紙は遂に実際には送られなかったのであるが、その中でウェスレーはモラヴィア教徒たちの敬虔のうちほめたたえるべきものを列挙した後、次のような批判を述べている。

しかし、他の事柄で私が疑問に思うものがあります。それらを、愛と謙遜のうちに指摘しましょう。

あなたがたのなかで、伯爵がすべてのすべてではないでしょうか。

あなたがたは、自分の教会をあまりにも賛美しすぎませんか。

あなたがたは、多くの場合、策略と欺瞞《ぎまん》で事を処理しませんか。

あなたがたは、閉じた、何かをかくした、内気な気質と振舞いの所有者ではないでしょうか。

私は、この時にはウェスレーがこの手紙を投函しなかったことを喜ぶものであるが、深い尊敬の念と、自分の信仰に対する彼らの大きな影響への感謝をもちつつも、ウェスレーの冷静な目は否応なしにモラヴィアニズムの現実を批判させ、彼に自分の道を歩いて行かざるを得なくしたのである。

この事実の具象化した出来事が、ウェスレーとその追随者たちのフェターーレインーソサイアティーからの脱退であった。この会は、一七三八年にペーター＝ベーラーがアメリカに渡る前に、ウェスレー兄弟たちと共同して創始したものであって、モラヴィアニズムが分派的な運動ではなくルーテル教会内の運動であったことからきていたのであるが、モラヴィアニズムに深い関心をもっていた人々の集まりであったにもかかわらず、別にモラヴィアニズムを標榜していたわけではなかった。むしろ、公に表明していたのは、国教会の信仰への忠誠である。英国国教会内においても、一団の人々が互いの信仰敬虔を深めるために会を作り集会をもつというのは、なにもフェター―レイン―ソサイアティーが最初ではない。これらは、通常「信仰を深める会」といわれ、一七世紀以来存在してきた。オックスフォード大学内のウェスレーたちの「神聖クラブ」もその一つであった。すなわち、ベーラーのフェター―レイン―ソサイアティーを作ろうとした時の意図は、ヘルンフートの班会にならったもののようであるが、実際に出来上がったものは、イギリス流の「信仰を深める会」の伝統やヘルンフートの影響やウェスレー自身の考えや体験の混合物であったのである。

モルターとの対立

ところで、ウェスレーたちがこの会から一七四〇年七月二〇日に脱退することになった理由は、ドイツ人のモラヴィア派の牧師フィリップ＝H＝モルターとの意見の相違からであった。彼はアメリカのペンシルヴァニアへ行く途中、一七三九年一〇月一八日にロンドンに来た。ベーラーは既にイギリスを去った後で、ジョンとチャールズのウェスレー兄弟がフェター―レイン―ソサイアティーの世話をしていた。モルターが按手礼を受けていた牧師であったので、人々は彼の話を聞きたがり、やがて彼はきわめて評判のよい話し手となった。モルターのほうはウェスレーに近づこうと努めたようであるが、ウェスレーは当初からモルターの信仰に疑問を覚えていたようである。モルターは、信仰には必ず、完全な知識と聖霊の内的なあかしが伴うのであって、それらのものが見出されないところには、信仰は存在しない、と主張した。ゆえに、彼によれば不完全な信仰、「弱い信仰」というようなものは存在しないわけである。しかも、モルターの場合には、これが信仰による義認（信じさえすれば、罪人のままで義人として神に愛されること）の極端に主観的な解釈と結びついている。神から恵みを与えて貰うために教会へ行くようなこと、すなわち、恵みの手段を使用することは、人間が（救われるために、しなければならないと言われる、神の命令たる）律法の行いに頼ることになる。人間は、ただ「静か」にしていなければならない。恵みの手段たる祈りをすること、聖餐にあずかること、聖書を読むこと、教会に出席すること――これらはしてもしなくても、どちらでもよいことである。人間が、服従しなければならない唯一の命令がある。信じて、そして、平静にしていることである。

モルターやモルターを支持する人々は恵みの手段を用いることまで、信仰によってのみ義とされるという教理と矛盾するもの、行為によって神の前に義とされようとしていることだと考えていたのである。さらに、ウェスレーとその支持者たちがモルター及びその支持者たちと分かれて別の会を作るに至った――これが実にメソジスト会の出発となったのである――ころにツィンツェンドルフ伯爵あてに書かれた、ウェスレーの友人でモラヴィアニズムの影響を強く受けるに至ったジェイムズ＝ハットンの手紙には、次のようにある。

ジョン＝ウェスレーは、自分が前ほどには重んじられていないので気分を害し、兄弟団の人々によって教えられている救いに至る容易な道に腹を立てました。彼は公にその説教の中で、私たちの教理に反対し、彼の友人たちも同じようにしました。フェター－レインの会がモラヴィア教徒の会になってしまったので、それに対抗して、ウェスレーは一七四〇年六月にファウンダリーの会をつくりました。したがって、私たちの話を聞くために集まってきていた多くの者が、特に女性たちが私たちのところを去りました。私たちが何かでウェスレーを苦しめたとしたら申しわけないと、私たちは彼の赦しを乞うたのですが、彼はずっと怒りで一杯でした。彼の兄弟団の人々に対する非難は、彼らが信仰の教理に排他的にかかわっていて、律法と聖化への情熱をないがしろにしたということにあります。要するに、彼は私たちの公然の敵となったのです。そこで兄弟団の人々と、メソジストの人々とが別々にそれぞれの会をもつことになり、互いに独立してしまったわけです。

モラヴィア派との決別

もちろんウェスレーがねたみのためにモラヴィア派の人々から別れていったとは、私は思わない。むしろ、ここでは決定的に重要な教理問題がかかわっていた。信仰をモルターのようにナルシシズム的な・静寂主義的な主観の感情のやすらぎとするか、それともウェスレーのように、神と人間との人格的な関係の中での、人間の側の意志的な神への信頼とするかが問題であった。

モルターの考えの中には、モラヴィアニズムに潜んでいた主観主義が、そのもっとも悪い形で現れている。主観主義は、対話の相手を失うことである。信仰者が、対話の相手である神を失った時には、結局自分が神になるあの神秘主義への道をたどる以外に仕方がない。しかし、それはなんと寂しい孤独につつまれた世界であろう。人間がその存在のもっとも深いところでさえ、独言しか言えない世界なのだから。

ウェスレーがこのような主観主義と別れて、教会的な恵みの手段である、聖礼典、交わり、祈り、訓練などを重んじる立場に踏みとどまったのは、英国国教会の高教会主義的伝統に養われてきた彼にとって当然のことではあったけれども、実は、同時に、第二の回心において体験したところの人格的な神との出会いという、キリスト教信仰の本質である対話性を保存しようとする本能に導かれていたといってもよいであろう。ここにウェスレーの楕円的信仰世界の二つの焦点、高教会主義と宗教改革的信仰義認論とが直線を結び、両極より相互浸透をしている状況が見事に浮彫りにされている。信仰は主観の世界を、向こう側から限定してくる神の言を必要とする。こちら側が自由にできない仕方で、その神の言が具体化されているのが、恵みの手段である教会であり、聖礼典であり、交わりであり、真の祈りである。このようにしてはじめて、人間は愛の存在へ解放されるのであって、存在の根底において寂しい孤独の独言から逃れることができるのである。

一七四〇年の夏には、どうしようもないほど気持ちの上で分裂してしまったフェター―レイン―ソサイアティーとの関係に、ウェスレーは決着をつけようと思うに至った。ウェスレーにとって神の摂理のみ手のごとくに見えたのは、ちょうどそのころモルターが病気であったことである。六月一一日に彼は会へ出かけて行って、なぜ会員たちの多くが信仰から外れてしまったかを、率直に告げた。もちろん、これで争いはさらに激しくなったのであるが、七月二〇日に、愛餐の後でウェスレーは最後通告をなし、一八、九人の会員と共に退出した。グリーンは、この時の奇妙なエピソードを記している。モラヴィア教徒の一人がウェスレーの帽子を、積み重ねられていた他の帽子の下に隠した。ウェスレーが自分の帽子を探している間に、ウェスレーについて出ようとしていた人々のある者たちは、後に残るように説得されてしまった。こういうことがなければ、もっと多くがウェスレーと一緒に退出しただろう、と言うのである。これが、ハットンの手紙の中に書かれていた分裂の最終的場面であった。

ホイットフィールドとウェスレー

ホイットフィールドの依頼　ドイツから帰ってきたウェスレーに対して、初めはその門戸を開放していた教会が、まもなく彼の説教を非難するようになった。回心した者の情熱で、ウェスレーがモラヴィア派から教わった信仰のみによる義認を強調したからである。当時の国教会が全般的に一八世紀の理性主義の影響を受けて、信仰生活を市民的道徳を守りさえすればよいものとする風潮に流されていた折に、神に向かっての回心を説き、魂に直接働きかける神の霊を強調して、私たちの生活の中への神の働きの直接介入を説くウェスレーの説教は、狂気の沙汰――これを当時の人々は熱狂と称したのだが――と思われたのである。そのため、ウェスレーから、国教会で説教する機会は全く奪われてしまった。この時に、思いがけない方向にウェスレーを追いやることによって窮地を救ったのは、友人のジョージ＝ホイットフィールドであった。

オックスフォードの「神聖クラブ」の会員であって、ウェスレー兄弟と同じようにジョージアの異教徒を救おうと、ウェスレーと行き違いにジョージアに出かけ、伝道上大成功を収めたホイットフィールドの場合、その帰国後の状況は、初めのうちはウェスレーのそれよりも幾分良かった。一七三九年一月と二月の初めに、ホイットフィールドはロンドン及びその周辺の教会で三〇回以上も説教した。彼はジョージアでの自分の伝道事業と計画していた孤児院とのために、ロンドン及びその周辺で献金を集めて歩いていたのだが、二月に彼は同じ目的をもってブリストルに出かけた。ところが、前の日曜日にウェストミンスターの聖マーガレット教会で彼が行った説教が原因となって騒ぎが起こったため、ブリストルの諸教会は彼に対して門戸をとざした。彼をあざけって言うものがあった。「ホイットフィールドがそれほど異教徒を回心させることに興味をもっているなら、なぜキングスウッドに行かないのか」。ホイットフィールドは、このあざけりを自分への挑戦と理解して、ほんとうにキングスウッドで伝道しはじめた。

ジョージ＝ホイットフィールド
ウェスレーの友人でカルヴァン主義メソジズムの創始者。

キングスウッドはブリストルの近くの小さな炭坑町であって、教会もなく、司祭もいないところであった。住民たちの野卑な日常生活は知れ渡っていた。このキングスウッドで、一七三九年二月一七日に、ホイットフィールドは最初の野外説教を行ったのである。その時には、彼は二〇〇人の炭坑夫に説教した。しかし、寒風吹きすさぶ野外で二回目には二〇〇〇人に、三回目には四〇〇〇人に、四回目には一万人に、ホイットフィールドは説教したのである。そして、同じ状況がバスやカーディフでも彼によって起こった。このように、ホイットフィールドの野外説教は大成功であったが、彼は、またロンドンを経てジョージアに行かなければならなかった。そこで、ウェスレーに、自分の後を引き継いでくれるようにと頼んだ。

「急ごうとは思わない」

高教会的な習慣が身に染みついていて、教会外の場所で説教する野外説教は、教会の中で人々の魂を救うという教会の秩序を破るものであり、罪だと感じていたウェスレーは、このホイットフィールドの提案を納得して引き受けるのに、だいぶ内的な苦闘を経たらしい。弟のチャールズは、断然反対であった。ウェスレーの当時の気持ちは、彼の次の言葉によく表されている。「彼（ホイットフィールド）が日曜日に私に見せてくれた実例、野外説教というこの奇妙なやり方は、初めのうち、私にとってほとんどなじむことのできないものであった。というのは、（ごく最近まで）私は、あらゆる点で礼儀と秩序を固執していたため、魂を救うに当たっても、それが教会の中でなされなかったら罪を犯すことになるとほとんど考えていたほどである」。しかし、彼はホイットフィールドのやり方を聖書に照らし合わせて考えた結果、新約聖書の福音書に書かれているところの、ご自分の回りに弟子たちを集めてなされた「キリストの山上の説教は、野外説教の見事な・注目すべき一つの先例である。その当時も教会は存在していたと思うが」と書くに至った。このようにして、どうやらウェスレーは、自分の不毛な保守主義を克服して、野外説教に踏み切った。

ウェスレーという人物には、どこか非常にゆったりとした、状況との対話の中で静かに自分を変えていくところがある。野外説教に踏み切ったことなどはその良い一例であるが、なかなか自分を変えないが、着実に現実に密着して静かに徐々に進歩していき、気づいてみたらずいぶん先まで行ってしまった、というふうなのである。後にメソジスト運動が大きく進展してから、伝道者たちを集め、ウェスレーが司会した一七四六年の年会の記録には、実にすばらしい言葉が記されている。「私たちは急ごうとは思わない。摂理が徐々に展開していくにつれて、ひたすらにその摂理に従うことを、私たちは望む」。ウェスレーがキングスウッドに来たのは一七三九年三月三一日であったが、四月二日には、ウェスレーは、ブリストル郊外の野外で、約三〇〇〇人の人々に説教した。

予定論に関する意見の相違

ところでウェスレーとホイットフィールドとの親しい交わりをきずつける不幸な出来事が、両者の予定論に関しての意見の相違であった。ホイットフィールドは、アメリカに滞在している間に、カルヴァン主義の牧師たち、特にジョナサン＝エドワーズの感化を多分に受けるようになって、神が救われる者たちと滅びる者たちとを予め定めておられるという二重の予定を信じるに至った。そして、自分は神によって救いを得るように選ばれた者の一人であると確信していたのである。もちろん、このようなホイットフィールドの予定論が、どのようにして、彼の人を救おうとする伝道の情熱と調和することができたのか、私には不思議に思われるけれども、彼自身のこの疑問への答えは簡単であった。伝道者や説教者は、その会衆の中の誰が永遠の昔から救いに予定され、誰が滅びに予定されているかわからないから、誰に向かっても一生懸命に伝道しなければならないのである。予定論に関しては、一七二五年以来、ウェスレーは反対の意見をもっていた。ジェレミー＝テイラーの『聖なる生』と『聖なる死』を読んで、そこに表されている予定論的言説を、母親スザンナと手紙で論議することを通して、自分の意見を形成したのである。弟チャールズも、予定論反対において兄と同じであった。

一七二五年に書かれた予定論に関するウェスレーとスザンナとの往復書簡を読んで、私たちはウェスレーの予定論に対する反対が、彼の神に関する考え、神観からきていることに直ちに気づく。スザンナのおもな論点は、神が人間を救われるに当たってとられる方法は元来秘密にしておくべきものなのであって、それに関するむだな思弁は全く避けなければならない、と言うにあった。ところが、ウェスレーは、シュミットが言うごとく、問題の主要点を間違いなく把握し、それが神の正義と神のあわれみとの間の緊張であることを指摘する。いくら罪深い人間たちであるからと言っても神がお造りになった被造者を永遠の悲惨に定めるのは、あわれみ深いことか。予定論を肯定することは、前もって神がそのようにしか生きられない仕方で人間を造ったこととなり、神を罪と不義の創造者にしてしまうことにならないか。これと神の愛の完全性とはどうして矛盾しないのか。また、ウェスレーは論議の中に人間の自由をもちこんでくる。物質的必然性や道徳的必然性に人間が全く絡みつくされてしまっているとするのは、ウェスレーにとって人間の尊厳に矛盾した。シュミットは、ウェスレーの人間の自由の強調がこの論議ではそれほど重要なものではなく、神観がまさに問題の核心であったと主張しているが、このシュミットの主張はおかしい。というのは、ウェスレーにとって神観と人間論とは切り離せるものではないからである。私は、ウェスレー神学は人間の聖化を中心として形成されたものと考えているが、ウェスレーの場合、聖化は人間の自由と固く結合している。したがって、ウェスレーにおいては神観の方が、あとから聖化と重ね合わされて考えられた形跡がある。つまり、罪深い人間をもっとも愛に満ちた存在に変革するのに一番ふさわしい仕方で、ウェスレーは神について考えていったのである。

神人協力説

ウェスレーにとって、予定論は聖書に全く根拠をもたないものであり、彼はオランダのヤコブス＝アルミニウス（一五六〇～一六〇九）やその弟子たちが作り上げたアルミニアニズムに味方した。スザンナはカルヴァン主義の予定論に反対したとはいえ、まだ不徹底なものであった。すなわち、スザンナによれば、神はある人々を救いにまで選ばれたのであるが、この選びは神の全知に基づいている。神は、後にキリストを信じて清い生活を送るようになる人々を、その人が生まれる前からご存じであったが故に、その人が自分で神を信じるようになるのを生まれる前から見越して、その人が救われるように定めた、としていた。

ところが、シュミットが鋭く洞察したように、ウェスレーはこの点でスザンナを超えて、実質的には救いは神の愛と人間の自由意志との共同作業であって、神だけでなされ得るものではないという神人協力説の方に歩み出している。この当時のウェスレーによれば、永遠において神は、ある特定の数の人々を救いに選ばれた。しかし、その数の中に入るかどうかは各人の力にかかっている。ところで、こういう考えは国教会の信仰箇条の一七条が表明しているものではないことを、ウェスレーは認める。しかし彼は次のように言わざるを得なかった。すなわち、選ばれた数に入っていない人々でも、救われ得るのである。結局のところ、神はご自分の決定によっても制限されない、ということになる。

不幸な二人の分離

ヘルンフートにおいてウェスレーがクリスティアン＝ダヴィトから聞いたことも、明らかにウェスレーの予定説ぎらいを促進したことであろう。ヘルンフートのモラヴィア教徒たちの間において最初に起こった教理上の論争は予定論に関してであった。自分たちは神から捨てられている者たちに属すると信じて、多くの居住者たちが失意落胆し、生活上の悲惨と失敗とを、神が彼らを憎んでおられるところから由来したものと信じたのである。

とにかく、以上のごとき経過をへて、ウェスレーの成熟した考えが形成されていった。すなわち、

教会堂内で説教する
ウェスレー

神が永遠より予め定められたのは、キリストの贖罪と、それを信じる者はことごとく救われるということであり、その永遠の決定に従って、人間がその自由をもってキリストを信じる時、事実、一人残らず救われるのである。

ウェスレーとホイットフィールドとは、この点に関しての自分たちの意見の相違を、公に取り上げないことによって、メソジストの会員たちの間に動揺が起こるのを防ごうとした。しかし、このような指導者たちの意見の相違が、明るみに出ないですむはずがない。やがて、会員たちの間で議論されるようになってしまった。当時ホイットフィールドはアメリカに渡っていたが、その追従者たちは、この問題をメソジスト会の重要問題として、むりやり公の議論を燃え上がらせようとした。それ以上の沈黙を守ることができなくなってしまったウェスレーは、一七三九年四月二九日にブリストルで、「惜しみなき恵み」という説教をすることによって、公然と予定論を攻撃した。この説教はアメリカにいたホイットフィールドに送られて、彼とウェスレーとの間には激しい手紙の交換があったが、一七四〇年には、もはや、二人の分離は明らかであった。ホイットフィールドの追従者たちは、いわゆる、「カルヴァン主義的メソジスト」であり、彼らよりはるかに多かったウェスレーの追従者たちは、「アルミニウス主義的メソジスト」と呼ばれている。

不幸な二人の分離に至る経過を振りかえってみて、確かにウェスレーのほうが先に公然と予定論を攻撃し始めたのであるが、ホイットフィールドはそのことであれほどに感情的になる必要はなかったのではないか、と思う。ウェスレーは正直に、予定論の誤りを確信していたのであるから、メソジスト会の中でホイットフィールドの追従者たちから公に自分の立場を攻撃されれば、当然のこと反論せざるを得なかったであろう。ウェスレーは、ホイットフィールドやその追従者たちが、自分と違った考えをこの点に関してもち、また、説教していても、それでよいとしていたのである。ところが、「惜しみなき恵み」というウェスレーの説教の後は、ホイットフィールドのほうは直ちにウェスレーの教えに反駁したばかりでなく、個人攻撃まで行ったのである。それに対してウェスレーは、二人きりでいる時にはホイットフィールドの誤りを率直に指摘したが、公の場ではそれをけっしてしなかった。公の場でウェスレーが攻撃したのは、予定論であってホイットフィールドではなかった。ある人がウェスレーにホイットフィールドの攻撃的な小冊子に答えたらどうかとすすめた時、ウェスレーは「ホイットフィールドがウェスレーに反対して書いたものをあなたは読むかもしれないが、ウェスレーがホイットフィールドに反対して書いたものをあなたはけっして読まないだろう」と答えている。ウェスレーとホイットフィールドとの分離は、後に幸いにもいやされて、一七七〇年にホイットフィールドが死去した時には、ウェスレーがその追悼説教を行っている。しかし、メソジストの会員の中に、カルヴァン主義の一翼が存在したことは、自分の立場を、メソジストの会員以外のカルヴァン主義者たちの攻撃に対して、絶えず弁明しなければならなかったウェスレーにとっては、大きな痛手であった。外のカルヴァン主義者たちの攻撃は、卑劣にも、ウェスレーの個人生活を誹謗《ひぼう》するところまでいったのである。

神と人間との愛の関係

ところで、ウェスレーの神人協力説は誤解されやすい。とかくすると、人間が救われていくにあたって、神と人間とが対等の形で協力するかのように考えられがちであるが、ウェスレーにおいても、人間に救いをもたらす信仰が与えられるのは徹底的に神の恵みによる。すべてが神の恵みによってなされるのであるが、そのことが同時に人間の側の努力のすべてを傾けさせるのである。この点をウェスレーは少しも論理化していない。否むしろ、論理化していないことこそ、彼の体験的な思考の特徴である。論理を整合させようとすれば、神の恵みをすべての原因とすることにより、人間の自由意志や決断の働く場は全くなくなり、人間の救いのためには神ひとりが働くというマルティン＝ルターの神の独占活動の思想、あるいはそれから派生するところの、神が永遠の昔より救われる人々と滅びる人々とを決めているというジャン＝カルヴァンの二重予定論、あるいはまた、人間がそれを唱えれば阿弥陀仏の西方浄土に行けるという南無阿弥陀仏という念仏さえも、人間の中で阿弥陀仏が働いて唱えさせてくれるのだという親鸞聖人の決定論的な教えとなってしまう。こういう決定論的な教えはいずれも、人間を運命という川の水に浮かんで、流されて行く一枚の木の葉のように考えさせてしまい、自分の歴史をできる限り自分で創作しようとする情熱を失わせてしまう。宗教をすべてを諦めることの体験と考えるなら、それもよいであろうが、諦めなければならない生の諸条件を十分に承知の上で、しかも変革し得るものを確と見定めて、自分の生活や世の中を変えていく創作的情熱こそ宗教であると考える者たちもいる。私もその一人であるが、そういう者たちにとっては、この点でのウェスレーの論理化の拒否は実に有難い。つまり、神と人間との関係を神のひとり働きとする決定論的思弁を避けて、神と人間との関係を飽くまで愛の関係という人格的な出会いとしてウェスレーは考えていたのであるが、愛の関係は論理化できるものではない。人間同士の愛の関係にたとえてみれば分かるように、こちらが自分の決断で、主体的な情熱を賭けて相手を愛するのは、相手があまりにも素晴らしくて、その魅力に否応なしに引き摺られ、虜にされてしまうからである。そこでは相手による愛の束縛と、こちら側の自由な、主体的な献身が矛盾してはいない。ウェスレーにとっては、イエス＝キリストの生涯と十字架上の死において示された神の愛が、あまりにも魅力的で抵抗できず、ウェスレーは自分のすべてを主体的に賭けざるを得なかったのであり、それが彼の信仰という生の在り方であったのである。つまり、神がすべてをなして下さっているのだが、ウェスレーもすべてをなしているのである。

ウェスレーの説教

ウェンズベリーでの出来事　既に述べたように、一七三九年四月二日にウェスレーはブリストル郊外の野外で三〇〇〇人に説教したが、これが八七歳の死に至るまでの巡回伝道の始まりであった。ウェスレーの巡回伝道のごく初期は、それほど迫害のない時期であった。それには、ウェスレーの聴衆たちが秩序をよく守っていたということもある。また、ウェスレーの当意即妙の応答が危機を切り抜けさせたこともあった。バスというところの顔役しゃれ男ナッシュとの出会いがそれである。彼はウェスレーの集会の邪魔に来て、ウェスレーの説教は人々を恐れさせてその正気を失わせるといううわさを聞いた、と言ってウェスレーを難詰した。それに対して、ウェスレーは「しかし、私はあなたを、人々のうわさで判断しようとはしない。うわさは判断するに十分な材料とは私は考えない」と言って、ナッシュに何もできなくさせている。とにかく、ウェスレーに関する種々のうわさが流布したことは事実である。彼が頭のおかしい人物だとか、彼は実はジェズイットなのだが、自分が教皇主義者であるのを故意に隠しているのだとかいろいろであった。後者は、恐らくウェスレーの高教会主義と関係のあったものであろうが、ずいぶん長期にわたり執拗に繰り返されたものであった。

　晩年のウェスレーはイギリスの国民的尊敬を得た宗教家となったが、メソジスト運動は、既に述べたごく初期の比較的平和な時期を除けば、その地盤を獲得するまでは、暴徒による激しい攻撃の的であった。しかし、それは、国教会が自己を守るためにメソジスト運動を、その組織をあげて弾圧したというようなものではなく、ある地域の司祭がメソジスト運動をきらって暴徒を煽動したとか、メソジストの説教者たちが、その説教あるいは行動によって人々の恨みをかったとか、ちょうどよい攻撃目標ができたので、暴力を楽しむ連中がその気質を露骨に示したとか、動機は種々様々であった。いずれにしろ、リーンの言うごとく、「ためされていたのは、ウェスレーではなくて、一八世紀のイギリスであった」。

暴徒に連れ去られるウェスレー

　『日誌』にも詳しく書かれている、非常に有名な例を一つあげておこう。一七四三年一〇月二〇日の事件である。それは、スタッフォードシャーのウェンズベリーでの出来事であった。初めにウェスレーがウェンズベリーを訪れた時には、そこの司祭エジントンは大変ウェスレーに好意的であったが、次のウェスレーの巡回の時までにその態度を変え、今回は近隣の司祭たちと共に、メソジスト教徒に対する悪意に満ちた説教を行った。しかし、直接に司祭たちが暴徒を煽動したのではなかったらしい。とにかく、ダーラストンとワルソルという二つの町の二組の暴徒同士の争いに、ウェスレーは巻き込まれたらしい。この日、ウェスレーは正午にウェンズベリーの町の中央で多数の聴衆に説教したが、その時は何事も起こらなかった。しかし、その日の午後、ある家でウェスレーが手紙を書いていた時に、家はウェスレーを出せと叫ぶ暴徒に取り囲まれた。いつもの勇気をもってウェスレーは暴徒の指導者たちを家の中に呼び入れ、話し合いで解決しようとした。結局ウェスレーは、彼らと一緒にその地域の治安判事のところに行くことになった。ところが、そこから二マイルほどのところに住んでいた治安判事も、また、ワルソルの治安判事も何もしようとしなかった。そこで、ダーラストンの暴徒たちはあきらめてウェスレーを雨中ウェンズベリーに連れもどそうとしたのだが、途中でワルソルの暴徒たちと衝突してしまい、後者が勝ってウェスレーを戦利品としてもっていこうとした。ワルソルに着いた時、ウェスレーはある家から逃げ出そうとしたが、頭髪をつかまれて引きもどされてしまった。彼らは彼を殺すとおどしたが、彼らに対するウェスレーの説得を聞いていたその地域の拳闘選手でもあった一人の肉屋が、気持ちをひるがえしてウェスレーを守って無事にウェンズベリーに連れ帰ってくれた。『日誌』にウェスレーは書いている。「始めから終わりまで、私はちょうど自分の書斎に座っている時と同じように、しっかりした気持ちでいた。しかし、私はその瞬間のことしか考えなかった。次の瞬間のことは考えなかったのである。一度だけ、こんなことが心に浮かんだ。もし彼らが自分を川に投げ込むなら、私のポケットにある書類がだめになってしまうだろう。自分に関しては、疑いもなく川を泳いで渡れると思っていた。薄い上着と軽い靴しか身につけていなかったので」。

働く人たちとの連帯

ところで、ルターやカルヴァンの宗教改革とメソジスト運動とを比較してみると、彼らを取り囲んでいる人々の階層の相違に私たちは気づく。ルターを取りまいていた人々は大学の教授たちや学生たち、また、貴族階級の人々であったし、カルヴァンの周囲にはジュネーヴの指導的市民たちがいた。ところがウェスレーの場合には、ごく少数の親しいインテリの友人たちを除いて、下層階級の人々であった。ウェスレー兄弟と共にメソジスト運動を推進していった説教者たち、また、地域ごとに分けられ、ある地域のメソジスト会の会員が集まって作る組会の指導者たちも、ほとんどが炭坑労働者、金属工、木綿・亜麻・麻の織工、自由農民、小農の出であった。つまり、メソジスト運動は、プロテスタント主義の歴史の中で、大教会を形成する原動力となった、今日までのところ最初にして最後の下層階級の信仰運動であった、と言える。

働く人たちとの連帯がウェスレーの説教活動を濃く彩っている。彼の伝道旅行での一日はたいてい朝四時の起床で始まる。働きに出かける人々が仕事を始める前に出席できるように、彼は普通五時には説教した。しばしば、夕方ウェスレーの説教を聞きにきた人々が、そのまま戸外で寝たり、近所の公会堂などで寝たりし、翌朝五時の彼の説教を聞いて散じた。五時からの説教が終わると、ウェスレーは馬に乗り次の場所に出かけて行った。そして、途中でも、人々の集まりそうな所へ来ると馬を降り、一人で讃美歌を歌い、人々が集まるのを待って説教した。

後にウェスレーの下で働く説教者となった石工ジョン＝ネルソンが書いているところによると、ウェスレーは「説教をするための場所に立つや否や、自分の頭髪をうしろへなでつけ、私が立っているほうにその顔を向けた。私は彼が私に目をそそいでいると思った。彼が話し出す前に、その態度はとてつもない畏怖の感を私に与えた。そのため、私の心臓は時計の振り子のように鼓動した。そして、彼が話し始めた時、その説教全体が私を目当てにしていると思った」ということである。

ネルソンの言葉からも分かるように、ウェスレーの説教は聞いている人々一人びとりに直接語りかけるような印象を与えるごとき、単純率直で言葉を飾らないものであった。今日彼の全集の中に取り入れられている説教は、印刷されることを意識して練り直されてしまっているので、これらの説教に、路傍で語られた――ウェスレーは原稿をそのまま読むごとき説教をしなかった――ウェスレーの説教そのままを見ることはできないし、話された時にウェスレーの説教がもっていた魅力も、そのままここにあるとは言えない。にもかかわらず、印刷された説教の中に見られる理路整然とした分かりやすさ、ウェスレー自身の信仰体験に裏打ちされた確信は、ウェスレーの説教の特徴であった、と言ってよいだろう。

対照的な二人の説教

野外説教の折に、聴衆の中で発作を起こして倒れたり、叫んだりする人々があったが、そういう現象はウェスレーが説教した時に一番多く起こった。そこで、今日の私たちは、ウェスレーの説教は聴衆を興奮のるつぼに投げ込む、きわめて感情を煽るようなものであったと思いがちである。しかし、事実はそうではない。むしろ、感情を煽るような説教をして歩いたのは友人のホイットフィールドの方であった。ホイットフィールドは鈴のなるようにすき通って響く声にめぐまれていたが、彼がメソポタミアと言っただけで、聴衆の中には涙を流すものがいたということだし、感情たっぷりのジェスチャーに満ちた彼の説教は、人々を説教されている事柄の中へ想像によって引き込む力を十分にもっていた。ニューヨークの船員たちに話をしていたホイットフィールドは、船員たちの声音をまねて、「さあ、空は晴れわたっているし、微風のそよぐ中、私たちはなめらかな海面を船脚軽く進んでいる。間もなく陸も

広場で説教するウェスレー　エプワースでウェスレーがしばしば泊まった宿屋「赤獅子」前の広場。

見えなくなるだろう。おや、突然空が低くなってきた。向こう、西の水平線に見えるあの黒雲は何だ。遠くで雷が鳴っているぞ。激しい落雷が見える。嵐だ。全員部署に着け。波が高くなってきたぞ。船体にぶつかって、ものすごいしぶきだ。ああ、なんという空気のしめっぽさだ。とうとう嵐の中だ。マストが折れた。船が転覆しそうだ。どうしよう」。船員たちは恐怖に顔をゆがめて皆立ち上がり、「ボートをおろせ、ボートを」と叫んだそうである。

これと対照的な説教をしたのがウェスレーであった。強いジェスチャーや二流説教家がよく出す金切り声、また、手をたたいたり説教壇をたたくことは、説教の内容よりも説教者に聴衆の注意を引きつけてしまうのでやめるべきである、とウェスレーは言っている。メソジスト運動の進展と共に、ウェスレーの説教の聴衆の中には貴族もいたし農民もいた。そこで、印刷されたウェスレーの説教の言葉使いを研究したジョージ＝ロートンによると、ウェスレーが説教で使った言葉使いは、正確な、威厳のある、いわゆる文語体のものと、日常会話の驚くべき融合である。ウェスレーの説教は「おもに会話風で口語体であるが、しかし、そのことは、説教のもつ人々に訴える力が社会の特定の階層の人々に限られないような仕方で行われている。彼の用語範囲は広く、俗語から、古典語よりの派生語に至り、科学的用語、流行語も含まれている。しかも、それらが気やすく、優美に、また、正確に用いられている」（ロートン）。ロートンは、ウェスレーの説教の文体を当時の人々がどのように感じたかを知るために、当時の大衆小説、ネッド＝ウォードの『ロンドンのスパイ』を読むように、とすすめているが、それは、両者が用いる言葉の類似性と、同じような言葉が全く違った目的のために使われていることに、私たちの注意を引くためである。ロートンは、ウェスレーの一八二九年の全集（第三版）の五巻から八巻に印刷されている説教の中から、俗語及び俗語に近い言葉が使われている箇所を約三〇例、口語体の箇所を約一五例、標準的な英語ではあってもきわめて通俗的なものを約三〇例あげて、一々説明している。私たちには、この興味ある問題をこれ以上追求する余裕はないが、当時では普通なら文語体で書かれるはずの印刷された説教の中にさえ、ウェスレーがこれほどにこういう言葉を用いたことは、彼の話された説教がどういうものであったかを私たちに想像させるに十分である。

少ない地獄への言及

メソジスト運動が燎原《りようげん》の火のように広がって行くなかで、他の誰の説教によってよりもウェスレーの説教によって、聴衆の多くが倒れたり叫んだりしたと前に書いたが、これはロンドンでの少数の集会を除いて全部ブリストル及びその近郊での集会に、しかもウェスレーの説教者としての生涯の割合に早い時期に限られていた。こういう現象に対してウェスレー自身は、「理性や聖書の原理に照らして容易に説明し得る」とした。彼によれば、ウェスレーたちが伝える福音のメッセージを信じ始めた人々に対して、悪霊がそれらの人々の悔い改めを邪魔するために攻撃に出てきたのが、これらの現象の原因であった。これらの人々に平静さが戻ってくるのは、神の働きだったのである。

この問題に関して洞察ある一論文を書いたバーナード＝G＝ホーランドが指摘しているように、多くの伝記作者はウェスレーの説明では満足しなかった。例えば、ロバート＝スーゼーは一八二〇年に出版されたそのウェスレーの伝記の中で、聴衆の多くが倒れたり叫んだりし始めたのは、ウェスレーたちの感情的な説教によって描き出された地獄と神の怒りのあまりの恐ろしさに人々が耐えられなかったためであった、としている。こういう説明は今日に至るまで、ウェスレーに関して生半可な知識しかもっていない多くの人々によって提供されてきたが、これが誤りであることはホーランドの研究を待つまでもなく明白である。

すでに見てきたように、ウェスレーは感情を煽る説教家ではなかったし、また、彼は地獄や神の怒りを説いて人々を恐怖に陥れることにより、福音に導こうともしなかった。D＝ダン＝ウィルソンがそのウェスレーにとっての地獄の重要性に関する論文の中で言っているように、ウェスレーが後継者たちのためにメソジスト運動の指導原理ともなる自分の説教を選んだ『標準説教』の中で、地獄に少しでも関係しているものを求めても一つしかなく、しかもそれは「最後の審判」という、地獄というよりはむしろ世の終わりにおける神の裁きについて語るもので、地獄への言及は三回しかない。さらに、ウィルソンが言うように、地獄の恐れを説くことによって人々を回心させることができる、というような考えに対して、ウェスレーは懐疑的なのである。一七四六年の年会記録の中で、ウェスレーは、「神の怒りを多く説き、神の愛を少ししか説かないことには、どのような不都合があるか」と問い、「そんなことをすれば一般的に言って、信じない者たちをかたくなにし、信じる者たちを落胆させることになる」と答えているが、これなどは、ウェスレーの説教が地獄の火で燃えたぎったものでなかったことの良い証拠である。また、ウェスレーは、人々が地獄に行くだろうと信じて喜ぶような病的なところは全くなかったし、むしろ人々をそこへ落ち行くことから救おうとしたのであった。ウィルソンが言うごとく、「この範囲内で、ただこの意味だけで、恐怖がウェスレーの説教の推進力であった」のである。

不明瞭な義認と聖化

それでは、人々が倒れたり叫び出したりするという、ウェスレーの説教によるあの現象の原因は何か。私には前掲のホーランドの論文が公正な解答を与えているように思う。これらの現象が誰の説教よりも特にウェスレーの説教によって引き起こされたこと、また、ウェスレーの伝道の生涯の割合に早い時期のものであったことなどを考える時に、原因はその時期のウェスレーの説教に盛られた教理の特殊性による、とするホーランドの意見は、納得できるものだからである。

ホーランドが指摘する当時のウェスレーがもっていた教理の特殊性とは、すでに自分の罪を悔い改めた人々も、神と和解したいという彼らの熱望にもかかわらず、信仰が与えられるまでは、まだ呪われたるものである、という主張であった。つまり、この主張では、悔い改めと信仰とが互いに分離し、両者の間に信仰を待ち望む不安に満ちた時期が存在する。この理解の背景には、もちろん、信仰は神が贈物として与えて下さるものである、という考えがあったが、信仰は神の贈物であるという考え自体は、必ずしもこの時期のウェスレーが主張したようには、悔い改めと信仰との分離をもたらすものではない。

ウェスレーはこの時期、信仰をもったものは、もつ以前とは格段と違う聖化（道徳的に清められること）の状態に入るべきものとしていた。すなわち、この時期のウェスレーには、義認（罪ある状態のままで、義人のように神によって取り扱われること）と聖化の区別が明瞭でなかったのである。本当は、悔い改めと同時に義認され、信仰をもつ状態に入ったといわねばならないのに、信仰が義認ではなくて聖化と結びつけられていたのが、この時期のウェスレーの考えであった。したがって、悔い改めたものの、自分の状態がそれほど変化していないことに気づいた人々は絶望したのである。否、私たちの体験に照らしても分かることだが、悔い改めた人間においては、自分を裁く良心は前よりも鋭くなる。そこで、信仰――これが聖化と混同されていた――が与えられるまでは自分はまだ呪いの中にあるのだと聞かされたら、鋭い良心の持ち主たちが自分には信仰が与えられないかもしれないと心配して、一時的な錯乱状態に落ちたとしても不思議ではない。

ホーランドによると、ウェスレーがこういう考えを改める兆候は、一七四六年と一七四七年の年会記録に見られ、ついに一七六七年の一二月一日の『日誌』に「神を恐れ、義を行う者は、神によって受け入れられている」とウェスレーが書いたことで、明白に考えが改められたのである。つまり、ここで書かれている「義を行う」は、実際に完全な義人になった人間の行為という意味ではなく、むしろ義を行おうと決心することをウェスレーは意味しているのであるが、これ以後のウェスレーは、聖化がなくても義認は存在し、かつ信仰をもっている状態の中にあるとし、神を喜ばそうとし信仰を追い求めている者は聖化なしでもすでに救いの中にある、としたのである。

考えの変化

ところで、何故にこの時期のウェスレーに悔い改め・信仰・義認・聖化についての誤解が起こったのであろうか。ホーランドはこの点を解明してくれていないが、理由は私は、ウェスレーがルターの信仰義認論をモラヴィアニズムを通して、特に第二の回心前の一番重要な時期にその宣教師ペーター＝ベーラーを通して教えられたところにある、と思っている。公のモラヴィアニズムの教理の責任ではなく、恐らくはベーラー個人の見解が原因で、ウェスレーは、信仰が与えられる時には誰でもそれ以前と格段に違った聖化の状態を与えられるもの、と信じ込んでしまった。しかし、このためにウェスレー自身が非常に苦しんだ証拠があるばかりではなく、伝道の実際の中で、当然、信仰を求めて苦しみ抜く人々を見たことであろうから、ウェスレーはその考えを変えざるを得なかったのである。

ウェスレーの考えが変わったことには、さらにもう一つの原因があったと私は思う。それは、一七二五年にウェスレーがそれまでのなまぬるい信仰生活をやめて、もっと真面目な信仰者として生きようと決心したあの第一の回心が、第二の回心を静かに、徐々に色どり始めたことである。第一の回心は、生活訓練、徐々に上昇するなだらかな線のごとき聖化を求める高教会主義的敬虔の圧倒的影響下になされたのである。第二の回心は、ウェスレーがベーラーを通して不十分に理解したルター主義の影響下になされた。それは、信仰という賜物をある瞬間に神から与えられ、人間は急激に聖化されることを信じたものであった。つまり、私の言いたいことは、ウェスレーの考えの変化は、（誤った理解にまといつかれた、信仰によって瞬時に聖化されるという）急激な変化としての聖化の高みが、その前後における徐々に進展する（高教会主義によってウェスレーに与えられた）聖化の線によって、その高みを地ならしされ、その線に組み込まれていった、ということなのである。そして、それと同時に、信仰における、この聖化の線といつも向かい合わせに相対している神との関係の面が、神が人間を罪人のままで受け入れて下さるという（ルターの宗教改革に直結する）面が強調されるに至った。もちろん、ウェスレーの場合には、生涯にわたって、神との関係の面とともに、人間の体験に入ってくる神の働きとしての聖化がいつも不可分離的に説かれたのであるが。ここでもまた、私たちはウェスレーの信仰世界が二つの焦点をもつ楕円であったことに気づかせられるのである。

ウェスレーの聖書解釈

さて、ウェスレーの説教の内容の基礎となっているのは聖書であった。ウェスレーの場合に、どれほど密接に聖書と説教とが関連し合っていたかは、私たちが印刷された彼の説教の二、三ページを読んでみれば分かる。それらのある部分は、全く聖書からの引用のつなぎ合せの感がある。しかし、聖書の文句の単なる繰り返しが説教であるはずはないのであって、説教は、聖書とその時代状況のなかにある人間とを結合するものでなければならない。その場合、どうしてもその結合の操作をするに当たって、聖書解釈がでてくる。ところで、聖書解釈をなすに当たって、一つの原理を聖書から導き出してきて、それに従って聖書全体を解釈する方向と、聖書からいくつかの根本的な教理を引き出してきて、それらの回りに聖書のあらゆる要素を結集させていく方向と、大体二通りの傾向がある。一つの原理として信仰のみによる義認をとなえて、たとえ聖書の一部分をなすものであっても、「ヤコブの手紙」は藁《わら》のように価値のない書簡だなどといったルターは前者に、『キリスト教綱要』を書いたカルヴァンは後者に属するように思えるが、私の見るところでは、ウェスレーはこの点でルターに近い。つまり、聖書の中の一切を一つの原理から解釈するために、何が重要であり、何が重要でないか、何をどのように解釈したらよいのかが、はっきりしてくるのである。そして、ウェスレーの場合における聖書解釈の一つの原理とも言えるものは聖化、特に「キリスト者の完全」の教理であった。幸いウェスレーにはキリスト者の完全について書いた名著があるので、それについて述べることによって彼の思想を知ることにしよう。

『キリスト者の完全』

普通に『キリスト者の完全』と言われているウェスレーのこの書物の表題は、実は、『一七二五年より一七七七年までの間に司祭ジョン＝ウェスレーによって信ぜられ、また、教えられたものとしての、キリスト者の完全についての平易な説明』である。この書物の最初の出版は一七六六年であるが、ウェスレーの生涯の間に何回か出版された。その度ごとにウェスレーは改訂したり増補したりしたのである。そしてウェスレーは、改訂増補の年を明記したが、一七七七年以後の版では一七七七年という年が明記されたままになっている。それ以後は、ウェスレーのキリスト者の完全についての思想に変化がないことを意味するのであろう。そして、この書物の叙述の方法は、一七二五年以来どのように完全についての思想が芽生え、また、どのようにして成長して来たかを、年代を追いつつ自分のいろいろな著作物の中から抜粋したものをのせ、それについてのウェスレー自身の意見を書き加える形になっている。

この書物によると、ウェスレーが完全の思想に最初に目覚めたのは一七二五年であった、とあるから、それは圧倒的に高教会主義に彼が傾いていた第一の回心の時期である。ジェレミー＝テイラーの『聖なる生』と『聖なる死』がウェスレーに深刻な影響を与えたのであり、またトマス＝ア＝ケンピスの『キリストに倣いて』、および、ウィリアム＝ローの『キリスト者の完全』などが、この当時ウェスレーの完全論の形成に大いに役立ったのである。完全は生涯を賭けて追い求める目標として提示されたのであり、第二の回心に至るまでは、完全がこの地上の私たちの生の中で獲得され得るものとは言われていない。テイラーもトマス＝ア＝ケンピスもローも、それが地上の生で達成されるとは主張していないのであって、ウェスレーも彼らに従っていた。ところが、第二の回心のあとのウェスレーの主張は、ある種の完全がこの地上の生においてさえ神より与えられるものである、というように変わってくる。

墓の上で説教するウェスレー
エプワースの教区教会の外で、父サムエルの墓の上に立って説教している。

二種類の完全

完全には二種類ある。その第一は赤児の完全である。これは、信仰をもち義認されたキリスト者であれば誰でももっているに違いないものであって、生活が罪に色どられることがあっても、罪はけっしてそのキリスト者の生活の支配的原理となることがない。赤児の完全の状態にあるということは、罪といつも戦い、最後にはそれに打ち勝つということを意味する。第二は成人の完全であり、これをウェスレーはキリスト者の完全という名称で呼んだ。これは赤児の完全と違って、必ずしもすべてのキリスト者が所有するものとは限らない。しかし、それはすべてのキリスト者が祈り求めることを通して、獲得することの可能性のあるものなのである。しかも、それが獲得されるのはこの地上においてであり、そのキリスト者の生存中である。それは今獲得し得るものであって、すべてのキリスト者は、それを絶えずこの瞬間に与えられるようにと祈り求めなければならない。義認を神の第一の恵みとすれば、キリスト者の完全は第二の恵みである。両者ともに、人間の行為の報酬として神がお与え下さるものではなく、人間に何も要求しない神のひたすらな愛の賜物であるという点で同一である。

しかし、それは求められなければならないのであって、キリスト者は教会生活を十分になすことによって、それが与えられるのを待たなければならない。ただ静かにしていれば自然に与えられるようなものではないのである。ここには明らかに神の恵みの働きと、人間の自由な、主体的な働きが、ウェスレーにおいては少しも矛盾したものとみなされていないという、既に述べた事情が看取される。そして、それが与えられるのは瞬間的な出来事であるが、もちろんそのことは、その前後における神の漸次的な恵みの働きを否定するものではない。したがって、なだらかな聖化の上昇という高教会主義的な考えが、瞬間に完全にされるという、垂直線による断絶というか、突出した山というか、福音的に与えられる出来事と妥協し、それをある程度地ならししながら、それ自体の中に組み込んでいる、と言えるであろう。

さらにウェスレーはキリスト者の完全とアダムの完全とを区別する。すなわち、完全にされたキリスト者は、堕罪前のアダムの状態になるのではなく、人間イエスのようになるのである。旧約聖書「創世記」のアダム神話から、アダムは初め道徳的に完全に神によって造られたのだが、やがて堕罪し、その結果、アダムの子孫は生まれながらにして罪人であるという思想を作り出したのはキリスト教の初代の教父たちである。その思想においては、アダムは超人間的に完全であって、知識的にも完全で、思索や行動において全く誤りを犯さない。ウェスレーは、キリスト者の完全はそういう超人間的なものではない、と主張するのである。また、ウェスレーにとってイエスも、愛にみちた徹底的に人間的な存在なのであり、したがって、人間はイエスのように愛にみちた存在になり得るのである。ウェスレーにとってイエスが徹底的に人間であることと、彼が神を啓示する神的存在であるということは全く矛盾しない。そのイエスと同じように、私たちも愛が行動のすべてを支配する存在になり得るのであり、これがキリスト者の完全である。キリスト者の完全を所有している人間も、愛に反しない過ちは、知識においても行動においても犯し得るのであり、それ故に、キリスト者の完全は永遠にわたって成長するものである。

この世で実現され得る約束

以上のように、ウェスレーはキリスト者の完全を積極的には、愛における完全であると主張したが、消極的には罪を犯さない完全と表現した。ウェスレーはこの書物の中で二重の罪の定義をあげている。第一に人間は、アダムの堕罪によって生まれながらにして全く罪人である（この点でウェスレーは伝統的なキリスト教の人間観を採用している）。したがって、人間は誰でも一生涯にわたってキリストの贖《あがな》いの血を要するわけであるが、この贖いの血によって贖われなければならないものの中には、過ちも入るのである。それゆえに、完全なキリスト者もキリストの贖いの血を毎瞬時必要とする。しかし、第二にウェスレーは、こういう過ちは、厳密には罪とはいわないほうがよいものであって、厳密に罪と呼ばれなければならないものは、故意の、すなわち、われわれの意志的な同意をともなって犯されるものだけである、と主張する。こういう意味で、完全なキリスト者は罪を犯さないのである。ウェスレーにとって、愛に反しないものは罪ではない。なぜならば、愛は旧約聖書の命じる律法の終わりを告げるものであり、キリスト以来、愛こそが人間の守らねばならない律法なのであるから。

キリスト者の完全を神から与えられた者も、その恵みを保ちつづけるのに怠惰であれば、その恵みの状態から転落し得る。もちろん、祈り求めれば、再度与えられることもあり得るわけである。

普通、この第二の恵みの賜物を神からおくられたキリスト者は、自分が完全の状態にあることを自覚する。聖霊がそのキリスト者の精神に対して、そのことをあかして下さるのである。そして、完全なキリスト者は、他の人々の信仰の益になると確信する時には、自分の状態を告白してあかしをなさなければならない。

この書物に描かれている完全なキリスト者の生活から、ウェスレーが主張した完全が、この世を逃避した状況の中で成立するようなものではないことは明らかである。結婚生活を送ったり、世俗の仕事に従事したり、神のみ心をいためないような喜びの追求をしたりしているそのことのただ中で、キリスト者は完全であり得る。ウェスレーは、完全なキリスト者が守らねばならない生活の規則などを、少しも書いていない。愛がキリスト者に完全な道を各人にふさわしい仕方で指示するのである。神は、キリスト者が、この世で到達できないような完全を約束されもしないし、要求されもしない。人間がこの世でできることしか神は要求しないのである。ウェスレーにとって、聖書の命令の言葉は、この世で実現され得る約束である。人間は、聖書の言葉以上の完全を空想してもいけないし、聖書の言葉以下のものに完全を低下させてもいけない。

こういうウェスレーの主張は、ウェスレーの聖書解釈の仕方から来ている。彼の解釈の仕方は、完全を目指して人類の歴史が低い次元から高い次元に移るという見方を土台としているのである。旧約聖書に出てくる族長たち、王たちが、キリスト者の完全と比較して、程度の低い生活を送ったことは、ウェスレーにとって少しも不思議ではない。彼らの時代はキリスト以前の律法の時代であり、キリストの霊たる聖霊が与えられていなかった。それゆえに、彼らにはできなかったことも、教会の時代に属するキリスト者は、聖霊によってなし得る。

ウェスレーの現世利益　幾分私の解釈を交えてしまったところもあるが、以上が大体においてウェスレーの『キリスト者の完全』の内容である。読者は理解して下さったと思うが、ウェスレーの説く完全は聖化の途上にあるキリスト者が、ある時点以後故意には罪を犯さなくなり、愛に充満した魂の持ち主となるということである。しかし、完全になったからといって、日々の生活の中で愛に深まり行くことが停止するわけではなく、ある時点で海の水面を破って下降し始めた存在が、さらに深く潜って行くことができるように、ますます愛の深みに沈み行くことができるのである。

私の見るところでは、「キリスト者の完全」の教理はウェスレーの説教に、空海の即身成仏の教えが真言密教に与えたものと類似の現世性を与えたように思える。つまり、ウェスレーによれば、神との究極的な交わりをもつのに、死の時点、あるいは、来世まで待つ必要がないのである。現世を尊重できない宗教性が、どうも宗教にはありがちであるが、それは来世に私たちの希望の成就を求めるからであり、その場合現世は、来世のための単なる準備の場となってしまう。そこで、来世を否定し、現世だけしか人間にはないのだと主張することにより現世肯定に走るのが現代人の常であるが、しかし、こういう現世肯定はニヒリズムに支えられており、それ自体ニヒリズムに浸透されている。ところが、ニヒリズムによらない現世肯定がウェスレーにはできた。日常の労働に従事しながら、神の愛の中にひたりきった生活が可能なのであり、ウェスレーの説教は人々に対する喜びと幸福への招待なのである。

このように深い神との融合が現世でも可能であるというウェスレーの主張は、ウォーナーが『産業革命の中でのウェスレーの運動』で言うように、現世利益的なところをもっている。「なかんずく、未来の事柄への配慮を、現在の義務を怠けるための言い訳にしてはならない」（ウェスレー）のである。そこで、今どのような仕方で生きるべきか、というような具体的な事柄が、例えば「金銭の使用法」（ウェスレーのあまりにも有名な説教）というような説教の中で強くウェスレーによって説かれたのである。現世でどのように生きたら真の幸福を獲得できるのか、が説教の中心となる。幸福は勤勉であることを通して獲得されるものであり、さらに、利益を追求することは決して悪いことではない。「できる限り、利得せよ」（ウェスレー）。このようにしてメソジスト教徒は、ウェスレーの説教を聞きつつますます良き労働者や商人となっていった。おもしろいことには、メソジストの説教者たちをおそった暴徒たちの多くは、酒屋たちに煽動されたものであった。

しかし、できる限り利得せよ、とウェスレーが説教しても、メソジストの徒は同時に、「できる限り与えよ」（ウェスレー）とも聞かされたのであり、ウェスレーが説いた現世利益は、すべての人人がこの地上で、真に幸福であり得る道を探り求めるようなものであったのである。

ところで、こういう説教をして歩いたウェスレーと国教会との関係はどうなったのであろうか。

英国国教会との関係

使徒継承をもつ英国国教会へのウェスレーの忠誠がその第二の回心前に変化した証拠はないし、回心後も一七四五年に至るまで変えられたという証拠は少しもない。一七四〇年にウェスレーたちがフェターーレインーソサイアティーから去って新しい会を作った時もウェスレーの自覚では、けっして国教会にあった「信仰を深める会」と違ったものを作ったのではなかったのである。さらに、第二の回心の出来事がウェスレーの高教会主義的実践を変えていなかったことの証拠もある。ウェスレーは一七三八年一〇月二〇日に、ロンドンの司教エドムンド＝ギブソンに呼び出され釈明を要求された。これは、アルダスゲイト街での福音的回心のあと五か月もたってからの出来事であるが、呼び出された理由は、ウェスレーが非国教会の信者に対して再び洗礼を受けることを要求したからであった。ギブソン司教は、こういう再洗礼に正しくも反対したのである。ウェスレーの野外説教の実行が、よくその高教会主義的教会観の変化の証拠として提出されるが、確かにウェスレーも既に述べたように最初は野外説教を躊躇したのではあったが、実行することに踏み切ったウェスレーによれば、これは少しも高教会主義に対しての変則を意味しなかったのである。魂を救うためなら、野外で説教しても、別に聖書や常識に反するわけではない。また、ウェスレーが司祭の資格をもたない信徒たちを伝道者に採用し説教させたこと、そしてその信徒伝道者たちがウェスレーの独裁的とも言われるような指導の下で働いた事実も、ウェスレーが高教会主義の原則から離れたことを証明するものではなかった。これは原始教会にも国教会にも――そのエリザベス朝時代において――先例のあったことであり、もしそれが変則の面をもっていたとすれば、それはウェスレー当時の国教会では信徒伝道者の使用は既に消滅してしまっていたということ、及び、ウェスレーはそれをなすに当たって主教の許可を得ていなかったということくらいのものであろう。とにかく、一七四五年までのウェスレーは、主教・司祭・執事の三職階制、礼典を有効的に執行するための主教による按手礼の必要、真の主教は使徒継承に立つ者であることを信じていた高教会主義者であったのである。ところが、一七四六年一月二〇日にウェスレーは、ピーター＝キングの『原始教会の制度・訓練・一致・礼拝』を読み、その意見を変えないわけにはいかなくなったのである。この書物によってウェスレーは、主教（bishop）と長老（司祭――presbyter）とは原始教会においては本質において一つであり、したがって司祭（長老）は主教と同じように按手礼を授ける権威をもつことを確信するに至った。また、同じくこの書物を通して、一つ一つの会衆が他の会衆とは別に、それ自体で教会であるということも信じるに至った。さらに、エドワード＝スティリングフリートの『イレニクム』がウェスレーに、キリストもその使徒たちも教会について何か特別の制度を定めなかったことを納得させたのであった。

さて、ウェスレーがキングとスティリングフリートに影響されたことは、彼が国教会の主教制を変えようと思い始めたことを意味しない。逆が真相であった。ウェスレーは確かにキリストもその使徒たちも、特定の教会形態を定めはしなかったと思うようになったし、使徒継承の主教制は作り話であるとまで言うようになったのだが、それにもかかわらずウェスレーは、断固とした主教制擁護者であった。主教制は初代教会以来のものであるし、それに実際的にも最も良い制度であると彼は信じていたのである。初代教会においては、主教は、司祭と職階としては同一のものであるが、しかし、機能は異なっているとウェスレーは考えていた。すなわち、主教は司祭たちの監督の役割をもっていたのである。このように主教の役割の重要性を強調するところから言って、ウェスレーがいわゆる長老主義者でないことも明らかである。

ウェスレーの信念と現実

また、私たちが知っておかねばならないのは、ウェスレーにとっては、説教するということと礼典を執行するということは全く異なった行為であった、という事実である。したがって、一人の人物がこれらの二つの行為をなし得ることもあるが、必ずしもそうでなければならない理由はなく、ある人は説教だけ、ある人は礼典執行をなすだけで教会に奉仕することがあり得た。それはちょうど、旧約の預言者と祭司のようなものであった。こういう立場から、ウェスレーはメソジストの信徒伝道者は説教するために神によって特別に選ばれた者たちであり、メソジスト教徒が礼典（聖奠）を受けるためには国教会の教職のところに行けばよいとし、信徒伝道者は司祭とは別であるし、司祭になる必要はないとしていた。このように、メソジスト運動は国教会を活性化することがその目的であって、国教会の外に出て一つの教会となってはならない、というのがウェスレーの生涯変わらない信念であった。

しかしながら、私の見るところでは、このウェスレーの信念にもかかわらず、周囲の状況がメソジスト運動を国教会の外に出るように迫ったのである。ウェスレーは国教会の司祭として死んだが、その時には既にメソジスト運動は外に出て教会となり得る準備が――ウェスレーの意に反して――完了していた。その点を今の問題である信徒伝道者を例として述べてみよう。

メソジストの信徒伝道者は、説教のためだけに選ばれたので、礼典（聖奠）を執行する必要はないというウェスレーの信念はやがて崩れ去った。それは、アメリカ合衆国の独立という事情の下においてであったのだが、英国国教会の司祭たちがアメリカ合衆国から追い出されてしまったので、メソジスト教徒に洗礼を授けたり聖餐を施行してくれる人がいなくなってしまったのである。そこでウェスレーは司祭と主教とは職階が同一であるという信念に立って、司祭たる自分がやむを得ざる時には按手礼を授け得るという確信に従い、若干の伝道者に自ら按手礼を授けた。一七八四年九月一日と二日のことであった。しかし、一度こういうことをしてしまえば、他の同じような状況が起こった時に、ウェスレーが自分の伝道者に按手礼を拒めなくなるのは当然であった。アメリカ以外の海外伝道地、スコットランドへの伝道者派遣の場合、遂には、メザーの場合がその最初の例で

あったが、イングランド自体においてもウェスレーは按手礼を授けざるを得なくなる。実際問題として
メソジスト教徒の増加に国教会の教職の奉仕は追いつけなかったし、また、多くの国教会の教職は自分の教会でメソジスト教徒が聖餐にあずかるのを拒否したし、さらに人情として、メソジスト教徒は自分たちの説教者から礼典も受けたかったのだから、徐々にではあるがウェスレーも押し切られてしまったのである。それに、スコットランド伝道のために按手礼を受けた者たちがイングランドに帰っても、メソジスト教徒の要求もあったりして、自分たちの権利を捨てることを承諾しなかったというような事情も手伝ったのである。

結婚と死と

グレース＝マレーとの関係　前に述べたように、母親スザンナの面影をしのばせるような女性への無意識的あるいは意識的な追求が一つの大きな原因となっていたのであろうが、ウェスレーの女性関係は不幸であった。

ウェスレーが結婚前に最後に愛した女性がいた。それは彼より一三歳若かったグレース＝マレーである。彼女が一六歳の時に、両親は彼女よりずっと年をとっていた男とむりやりに結婚させようとした。彼女はそれをきらって姉の家に身を寄せたが、間もなく女中に雇われていくことにより、生計の独立をはかった。このような職業についたことが、イギリスのように職業の貴賤の別の激しいところではなおさらのことであったが、グレース＝マレーに多分に劣等感を与えたようである。二、三年後に、彼女は、船長アレキサンダー＝マレーと結婚した。夫は全然信仰心などもち合わせていなかったが、彼らの最初の子供が死に、また、二番目の子供も死んだ時に、グレース＝マレーは、神が自分の不信仰のために、自分に刑罰を与えているのだと感じて非常な精神的危機に陥った。この時期に、彼女はムーアフィールズでのジョン＝ウェスレーの野外説教を通して、救いの体験を獲得したのである。彼女がメソジスト教徒と交わりをもつようになってしまったことを、夫のアレキサンダー＝マレーは少しも喜ばなかった。夫アレキサンダーは、やがて航海の途中死に、それからのグレース＝マレーの日常は、入会したメソジスト会のいろいろな仕事のために捧げられるようになった。ウェスレーは、彼女の献身的な働きに好感をもっていた。

ウェスレーが、グレース＝マレーに対して深い愛を抱くようになったのは、一七四八年に、彼自身がニューキャッスルで高熱に襲われて、彼女の看護を受けた時からであった。当時は既に、迫害にもめげないウェスレーの伝道生活が、そろそろイギリス国民から深い尊敬を獲得しはじめていたころである。この偉大な伝道者からの求愛は、彼女を有頂天にさせたと同時に、自分がもともと身分の卑しいものであるとの意識からきている劣等感のため、彼女は大いに迷ったようである。それに二年ほど前から、彼女は、自分の身分にもっとふさわしいと感じることのできる男性と、規則的に文通していた。同じように彼女の看護を受けたことのある、ウェスレーを助けていた有能な説教者の一人ジョン＝ベネットである。彼女は、この二人の男性からの求愛にすっかり戸惑ってしまったようだが、遂に自分の劣等感を克服してウェスレーと結婚しようと決意した。ところが、ウェスレーの伝道旅行中にこのことを知ったチャールズ＝ウェスレーが、ひざ詰め談判で、もう一度グレースにその身分の賤しさを再認識させて、ジョン＝ベネットと結婚させてしまったのである。

確かにウェスレーは、グレース＝マレーを非常にほめ上げて書いてはいるし、また、ある伝記作者たちが言うように、彼女は信仰的にも立派な女性であったらしい。しかし、ウェスレーの見た彼女と、実際の彼女との間には、少しも隔たりがなかったであろうか。どうも、私にはウェスレーが、母親スザンナのヴェールを彼女にかぶせて見ていたような気がしてならない。実際の彼女には、いくら決断に迷ったとはいえ、ウェスレーとベネットとの両方に、結婚の約束をしたようなはしたない点がみえる。しかし、ウェスレーとグレース＝マレーの関係について「ジョン＝ウェスレーはお人よしであった。グレース＝マレーは浮気女であった。ジョン＝ベネットは詐欺師であった」とタイアマンのごとく言うのは、三人それぞれに対して公平でないであろう。リーンが指摘しているように、三人の友人であったカウンリーの言うところが真実に近いのではないだろうか。

「もしもグレースが自分の名誉心をおもに考慮するならば、彼女はウェスレー氏と結婚するであろう。もしも彼女が自分の愛をおもに考慮するならば、彼女はベネットと結婚するであろう」。

ウェスレーの妻マリー

不幸な結婚生活

ところで、グレースとの結婚が成立してさえいれば、ウェスレーが、あれほど不幸な結婚生活を送らないですんだであろう、ということは確かである。ウェスレーの結婚は一つの事故から発生した。彼はロンドン橋を渡っている時に滑って、くるぶしを捻挫した。そこで、数人の友人が彼を、スレッドニードル街の、未亡人であったマリー＝ヴァジール夫人の家につれて行った。ウェスレーはその週の間そこにとどまって、夫人の看護を受けたが、次の週、一七五一年二月一八日に二人は結婚した。

そのころ、ウェスレーの友人たちは、メソジスト会の発展のために、彼が結婚することを望んでいた。容姿の美しいウェスレーが独身でいることは、メソジスト会の発展のためにいろいろと困難な問題を引き起こしたらしい。友人たちの勧めをウェスレーも納得して、適当な人があったらなるべく早い時期に結婚しようと決心していた。

結婚当初ウェスレーは、妻を真剣に愛そうと努力している。そのことは、ウェスレーが伝道旅行の途中で書き送った、妻への愛情あふれる手紙を通して知られる。また、妻の方も、家庭の安逸な生活が少しでも自分の伝道者としての使命を損なうことを恐れていたこの伝道者と共に、馬に乗り、迫害にもめげず、伝道の旅をして歩いた。彼女は、実際ウェスレーを愛していたのである。彼女は、後に、ウェスレー研究家たちによって、ソクラテスの妻と同程度の、歴史上珍しい悪妻と言われるようになったが、もし彼女が、ウェスレーのように彼女の理解を越えた、困惑させる異常な人物を愛さなかったならば、こんなことにはならなかったであろう。

双方からの愛と努力によって始められたこの結婚生活は、やがて、ウェスレー夫人の、ウェスレーの自分への愛が足りないというようないつもの不平によって、ウェスレーの愛そうとの意欲を根こそぎにぬいてしまった。

そのことが、また、彼女を病的な嫉妬においやった。病的な感覚で彼女は、ウェスレーが女性のメソジスト教徒たちに書き送った手紙の中に、ウェスレーの愛の表白を読み込み、狂った者のように、自分の解釈によったウェスレーの性的不道徳という幻想を基礎づけるような資料と彼女が思い込んだウェスレーの日記や手紙を、ウェスレーの論敵であったカルヴァン主義者たちに渡したのである。

ほとんど信じられないほどのことが、ジョン＝ハンプソンによって話されている。ハンプソンがウェスレー夫妻の部屋に偶然入っていったところが、ウェスレー夫人が怒り狂っており、その手にはウェスレーの頭髪がぬかれてにぎられていた。ウェスレーは床に倒れていた、というのである。ハンプソンは、あまりのことにウェスレー夫人をその場で殺そうかと思ったほどだ、と書いている。こういう場合でも、ウェスレーは妻に対して、やさしさと礼儀とを欠いてはいなかったのである。

妻の家出

妻がウェスレーの評判を落とそうと考えて、前述したようにウェスレーの女性関係を証拠立てると彼女が考えた日記や手紙を発表しようとした時のことであるが、ジョンはチャールズの娘サリーをカンタベリーへの小旅行に連れて行くことになっていた。ウェスレー夫人が夫の手紙などを公表しようとしていると聞いたチャールズが、興奮してジョンにその旅行を取

ウェスレーの墓　ロンドンのシティー-ロードのウェスレー-チャペルにある。

りやめるように強くすすめた。ところが、ジョンは少しも冷静さを失わない。サリーは後に、このことに触れて言っている。ジョンと「そのことに関して話し合ってから帰って来た私の父が、どのように母に話したかを私はけっして忘れられないでしょう。父が言ったことは、次のようなことでした。『兄は本当に非凡な人間だ。私は兄に、聖職にとって評判がどんなに大切であるか、また、聖職が自分の評判に無関心であるならば、どんなに悪い結果が起こるかをよく話した。そして自分の弁明をし、その公表を阻止するようにと、あらゆる適当と思われる理由と公の利益を考えねばならないことをあげて、兄を説いてみた。ところが兄は答えた。私が神に自分のくつろぎ・時間・命をささげた時、私が自分の評判を除外したと、あなたは思うのか。とんでもない。サリーに言いなさい。私は明日、彼女をカンタベリーに連れて行く』と」。

ウェスレーの結婚生活は、このような事柄の後に、一七七一年一月、ウェスレー夫人が最終的に家を出てしまったことによって——その前にも何回か彼女は家を捨てては、ウェスレーの頼みによって帰って来た——実質上は終わりを告げた。彼女は一七八一年にこの世を去ったが、その時ウェスレーはイングランド西部に伝道旅行をしていて、埋葬後二、三日たってはじめてその事実を知らされたのであった。

妻との関係において、ウェスレーは、すでに妻の愚かな行為のため公になってしまったことを弁明する以外、妻についての悪口など書いていない。ずいぶんとウェスレーは苦しかったことであろうと想像される。しかしこの場合にも彼は彼らしく、振舞っている。恐らく、ウェスレーのような生活の理想をもち、母スザンナという女性像から逃れることもできなかった、実質上伝道生活と結婚したといわざるを得ない人物は、独身の生活を送った方がよかったのではなかろうか。

「火事場のやけぼっくい」

さて、恐らく当時のイギリスであれほどの激しい伝道の生涯を送ったのはウェスレーだけであろうが、彼をあのように動かしていった内的衝動は、グリーンが言うように「摂理による召命」の意識であったであろう。一七五三年に自分が死ぬかもしれないと思ったウェスレーが、自分の墓石にきざむ言葉として残したのが「火事場から取り出された焼けぼっくい」であった。ウェスレーがメソジスト運動の指導において、しばしば独裁的であると非難されたことも、ウェスレーとしては自己の召命の確信からきたやむを得ざる事態であったろう。人々に親切で愛情深かったにもかかわらず、ウェスレーの心の底には召命観からきている岩盤のように固いものがあったと思われるので、恐らくは、あまりつき合いやすい人物ではなかったであろう。事実、ウェスレーによって信仰生活に入り、彼を積極的に助けた説教者の中からでさえ、多くの者が彼から離れていった。ウェスレーはずいぶんと孤独であっただろう。

初めは馬上の伝道者であったウェスレーは、一七五四年ごろからは、車を作り馬にひかせて旅をした。車の中には特別製の書棚があり、彼は車中で読んだり書いたり、ある時には睡眠をとったりしながら伝道の旅をした。その旅はイギリス全土におよび、推定二二万五〇〇〇マイルとされている。また、ウェスレーが最初に説教したのが一七二五年九月二六日、最後の説教が死の八日前、一七九一年三月二日であって、その間、だいたい一日に少なくとも三、四回は説教したので、一七三八年にアメリカから帰国して以来の説教の数は推定五万二四〇〇である。

ウェスレーの独裁的なところは晩年特に目立ったが、国教会内での彼への尊敬が増すにつれて、彼の説教者の中での分離的な気分が強くなったのも皮肉である。多くの偉大な人物と同様に、彼も公に尊敬され、陰では批判されるようになった。一七九一年二月、彼は翌月にはグロスターやウォルスターを訪れようとその準備をしていた。一九日に、イズリングトンのグリフィス夫人と食事を共にした。次の日は日曜日であったが、朝起きようとしても起きられず、礼拝に出席できなかった。その後少しは元気になったが、二月二八日にはもう死が近いことが明白であった。ウェスレーは静かに自分の死を迎えた。一七九一年三月二日の朝、多くの人が見守る中に、この偉大な神の僕は、壁の方を向いて死んでいった。

ウェスレーはその書物の出版などで多額の収入があったにもかかわらず、すべてを伝道のために、また、貧しい人々のために与えたので、机の引き出しと、彼の洋服の中にわずかな小銭が残っていただけであった。

あとがき

ウェスレーが死の六日前に書いた手紙、彼の最後の私信は、若き国会議員ウィリアム＝ウィルバーフォースへのものであった。ウィルバーフォースは奴隷売買廃止のために戦っていたのだが、この手紙の中でウェスレーは奴隷売買を「宗教とイギリスと人間性の恥辱である、いまわしい罪悪」と呼び、「もしも神があなたの味方であるなら、誰があなたに反対できましょう。人間が、悪魔が、皆集まったところで、神より強いでしょうか。ああ、善を行うのに疲れないでください」と励ましている。ウェスレーの完全への追求は単に個人の精神生活の問題ではなかった。愛の完全は、社会生活の中でも国際政治の舞台においても追求されねばならなかったのである。

戦争が罪悪であるとの意識から、ウェスレーはアメリカの独立戦争に反対した。ここにはウェスレーのアメリカ国民への理解不足や、歴史の動向への判断の誤りが見えるが、しかし、これも愛と平和を至上とするウェスレーの信念が土台にあった事柄であった。

イエスの山上の説教を踏まえて生きた彼は、罪深い人間の作る社会生活の中で、多くの妥協を強いられたけれども、こういう妥協は高い理想に生きる人間のしないわけにはいかないもの、否、ある場合にはしなければならないものである。ただ彼の妥協は、現実の中に下降してしまう妥協ではなく、現実を可能な限り引き上げる仕方での妥協であった。

ウェスレーは当時のピューリタンたちが、貧しい人々は怠け者だから貧しいのだ、と主張したのに対し、貧しい人々を訪問して歩いた自分の体験を根拠として反論した。貧しい人々は、働きたくても職がなかったり、最初から貧しい家庭に育って教育を受けていなかったり、食物が悪くて身体が弱くて働けないのだ、と言い、むしろ社会の仕組を問題とした。ウェスレーはメソジスト運動の中で、炭坑労働者、金属工、織工、自由農民、小農出身者たちを指導者の位置につけ、育てあげていったが、こういう人々の中から後にイギリスの労働運動で活躍する人々が輩出したのである。

金がなくて医者にかかれない人々が多いことを知ると、ウェスレーは一七四六年にはロンドンのファウンダリーに診療所を開設し――私にはしてはならないことであったと思えるのだが――、ウェスレー自身治療に当たったのである。彼は勿論そのために医学を勉強した。第I章でも触れたが、今でも彼がショック療法のために自分で設計し、それに基づいて作って貰った、精神病の人々のための電気器具が残っている。

また、貧しい人々が急に金銭を必要とする時のために、一七四六年にロンドンに貸付金庫も作っている。また、ウェスレーがメソジスト運動の中で、女性の指導者を多数育てあげていったことなどは、今日のフェミニズムとの関係で興味深い事柄である。

話は尽きない。これを機会に読者の皆さんがウェスレーを研究して下さるようにお願いする。

終わりに、この書物を書くように勧めて下さった清水書院の清水幸雄氏、また、私の原稿を本の形にするために、あらゆる努力と親切を惜しまなかった編集部の徳永隆氏に厚く御礼申上げる。

一九九〇年八月

ウェスレー年譜

西暦	年齢	年譜	参考事項
一六八九		父サムエル、スザンナ＝アンスリーと結婚。	権利の章典発布。
九七		父サムエル、リンカーンシャーのエプワースの司祭館に住みはじめる。	
一七〇三		6・17（グレゴリオ暦によれば28日）、ジョン＝ウェスレー、サムエルとスザンナの第15子として誕生。	
〇七	4	12・18、弟チャールズ＝ウェスレー、第18子として誕生。	イングランドとスコットランドが合同し、大ブリテン連合王国となる。
〇九	6	2・9、エプワースの司祭館の火災で、ジョン奇跡的に助かる。	
一四	10	1・28、チャーターハウス校に入学。	ジョージ一世即位、ハノーヴァー朝始まる。
二〇	17	6・24、オックスフォード大学、クライスト-チャーチ-カレッジに入学。	
二四	21	文学士（B. A.）の学位を受ける。	カント生まれる（～一八〇四）。
二五	22	9・19、執事の按手礼を受ける。	ハチスン『美と徳の観念の起

一七二六	23	リンカーン＝カレッジの研究員（フェロー）に選ばれる。	源』 スウィフト『ガリヴァー旅行記』
二七	24	11月、ギリシア語の講師となる。 2・14、文学修士（M. A.）の学位を受ける。 8・24、父の執事として働くため、オックスフォードを去る。	清・ロシア、キャフタ条約を締結。 ニュートン死去（一六四二〜）。
二八	25	11月、弟チャールズ、神聖クラブをオックスフォード大学で創始。 9・18、司祭の按手礼を受ける。	
二九	26	オックスフォード大学に帰り、テューターの役割を引き受け、また、神聖クラブの指導をするようになる。このころメソジストというあだ名が、この会員に与えられるようになる。	
三五	32	ジョージ＝ホイットフィールドが、神聖クラブの会員となる。 4・25、父サムエル死去。 10・21、宣教師として弟チャールズらとともに、アメリカのジョージアに向けて出発。	リンネ『自然の体系』 清、乾隆帝即位。
三六	33	2・5、サヴァナに到着。	

一七三七	34	8・21、弟チャールズ、アメリカを去る。 8月、ウィリアムソン夫人への陪餐を停止。 12・2、サヴァナを去る。	トマス＝ペイン生まれる（〜一八〇九）。
三八	35	2・1、ディールに上陸。 2・7、ペーター＝ベーラーと出会う。 5・1、フェター－レインの会に入会。 5・21、弟チャールズ、福音的な回心を体験。 5・24、ジョンの回心体験。 6・13、ドイツのモラヴィア教徒たちを訪ねるために出発する。 9・16、ロンドンに帰る。	
三九	36	4・2、ブリストルで野外説教を始める。	ヒューム『人性論』
四〇	37	6・20、フェター－レインの会を離脱。	オーストリア継承戦争（〜四八）
四一	38	9・3、グレーズ－インでツィンツェンドルフと会談。	
四二	39	6・6、父サムエルの墓の上で説教をする。 7・30、母スザンナ死去。	英仏の植民地抗争おこる。 ウォルポール、首相を辞職。
四四	41	メソジスト会の第一回年会が開かれる。 8・24、オックスフォード大学での最後の説教。	ジョージ王戦争
四七	44	8・9、最初のアイルランド伝道。	
四九	46	10・3、ウェスレーの愛したグレース＝マレーがジョ	ゲーテ生まれる（〜一八三二）。

		ン=ベネットと結婚。	
一七五一	48	2・16、マリーと結婚。 4月、スコットランドでの最初の伝道。	ヒューム『道徳の原理』
五五	52	1月、『新約聖書注解』出版。 5月、リーズでの年会でメソジスト会が国教会から分離した方がよいかどうかを論じた結果、分離しないと決定される。	モンテスキュー死去(一六八九~)。 リスボン大地震
五七	54	このころより、夫人との不和、表面化。	プラッシーの戦い。
六五	62		印紙条令 ワット、蒸気機関改良。
六六	63	『キリスト者の完全』出版。	
六七	64	北アメリカでの最初のメソジスト教会がニューヨークに建設される。	タウンゼンド諸条令
七〇	67	9・30、ジョージ=ホイットフィールド死去。 11・18、ホイットフィールドの葬儀で説教する。	ボストン虐殺事件 ヘーゲル生まれる(~一八三一)。
七一	68	1・23、マリー夫人、ウェスレーの許を去る。	
七五	72	ペーター=ベーラー死去。	アメリカ独立戦争始まる(~八三)。
七六	73		7・4、アメリカ独立宣言。
七七	74	4・21、ロンドンのシティー=ロード=チャペルが定礎	

一七七八	75	され、メソジスト運動の本部となる。 1・1、ウェスレー編集の「アルミニアン=マガジン」創刊。 11・1、シティー=ロード=チャペルの献堂式行われる。	ヴォルテール（一六九四～）、ルソー（一七一二～）死去。
八一	78	10・8、ウェスレー夫人、別居状態のままで死去。	カント『純粋理性批判』
八三	80	6月、オランダ訪問。	アメリカ独立戦争終わる。
八四	81	2・28、メソジスト会の憲法が制定される。 9月初、アメリカのメソジスト教会のために、コーク博士らに按手礼を授け、コークを監督として派遣。 12月、アメリカ合衆国最初の年会で、フランシス=アズベリーがもう一人の監督に選ばれる。	ピットのインド法成立。 ディドロ死去（一七一三～）。
八八	85	3・29、弟チャールズ死去。	バイロン生まれる（～一八二四）。
八九	86		フランス革命おこる。
九〇	87	10、6、最後の野外説教をウィンチェルシーで行う。 10、24、『日誌』に最後の書き入れをする。	アダム=スミス死去（一七二三～）。
九一		2・22、シティー=ロード=チャペルで最後の説教を行う。 2・24、ウィリアム=ウィルバーフォースに最後の手紙を書き送り、奴隷解放運動を激励。 3・2、午前10時、シティー=ロード死去。	モーツァルト死去（一七五六～）。

3・9、同所に埋葬される。

参考文献

●日本語による主な文献

『新約聖書注解』上　松本卓夫・小黒薫共訳、ウェスレー著作集刊行会――新教出版社　一九六〇

『新約聖書注解』下　松本卓夫・草間信雄共訳、ウェスレー著作集刊行会――新教出版社　一九七九

『説教　上』　野呂芳男訳、ウェスレー著作集刊行会――新教出版社　一九六一

『説教　中』　野呂芳男訳、ウェスレー著作集刊行会――新教出版社　一九六三

『説教　下』　野呂芳男訳、ウェスレー著作集刊行会――新教出版社　一九七二

『神学論文』上　藤井孝夫・野呂芳男共訳、ウェスレー著作集刊行会――新教出版社　一九六七

『神学論文』下　藤井孝夫・野呂芳男共訳、ウェスレー著作集刊行会――新教出版社　一九七三

『標準　ウェスレー日記』全四巻　山口徳夫訳、イマヌエル総合伝道団発行――新教出版社　一九六四

『J・ウェスレイ手紙集』　山口徳夫訳――キリスト新聞社　一九六六

『ウェスレー篇』（キリスト教古典叢書9）　キリスト教古典叢書刊行委員会編訳　新教出版社　一九五八

『ウェスレーの神学』　野呂芳男他訳――新教出版社　一九六〇

『キリスト者の完全・説教三篇』（現代キリスト教思想叢書4）――白水社　一九七四

『十八世紀宗教復興の研究――ジョン＝ウェスレーの思想と運動』　矢崎正徳著――福村出版　一九七三

『ウェスレーの生涯と神学』　野呂芳男著――日本基督教団出版局　一九七五

『ジョン・ウェズリ研究』　岸田紀著――ミネルヴァ書房　一九七七

『ジョン・ウェスレーの生涯』　ジョン＝テルフォード著　深町正信訳――ヨルダン社　一九八八

『ウェスレーとカルヴィニズム』(ウェスレーとメソジズム双書1) ―― 日本ウェスレー協会 一九六三
『ウェスレーと聖化』(同 2) ―― 日本ウェスレー協会 一九六四
『ウェスレーと教会論』(同 3) ―― 日本ウェスレー協会 一九六七
『ウェスレーと聖霊論』(同 4) ―― 日本ウェスレー協会 一九六九
『ウェスレーと宣教』(同 5) ―― 日本ウェスレー協会 一九七〇
『ウェスレーの聖書解釈』(同 6) ―― 日本ウェスレー協会 一九七二
『ウェスレーの聖霊の神学』 L・M=スターキー著 山内一郎・清水光雄訳、ウェスレー著作集刊行会 ―― 新教出版社 一九八五
『ウェスレーと聖化』 ハラルト=リントシュトレーム著 野呂芳男監訳、清水光雄・指谷朋子訳、ウェスレー著作集刊行会 ―― 新教出版社 一九八九

●ウェスレー研究の主な原典

The Works of John Wesley (The Bicentennial Edition), Nashville, Abingdon Press, 1983～
Burtner, R. W. and Chiles, R. E. : A Compend of Wesley's Theology, New York, Abingdon Press, 1954.
Cameron, Richard M. : The Rise of Methodism (A Source Book), New York, Philosophical Library, 1954.
Curnock, Nehemiah ed. : The Journal of John Wesley, 8 vols., London, Epworth Press, 1938.
Gill, Frederick ed. : John Wesley's Prayers, New York, Abingdon-Cokesbury Press, 1951.
Hildebrandt, Franz ed. : Wesley Hymn Book, London, H. Weekes & Co. Ltd., 1958.
Jackson, Thomas ed. : The Works of John Wesley, 14 vols., London, Wesleyan-Methodist Book-Room, 3rd edition, 1831.
Osborn, G. ed. : The Poetical Works of John and Charles Wesley, London, Wesleyan Methodist Conference Office, 1868－1872.

Outler, Albert C. ed. : John Wesley, New York, Oxford University Press, 1964.

Sugden, E. H. ed. : Standard Sermons of John Wesley, 2 vols., London, Epworth Press, 1951.

Telford, John ed. : The Letters of the Rev. John Wesley, 8 vols., London, Epworth Press, 1931.

: Sayings and Portraits of John Wesley, London, Epworth Press, 1924.

The Board of Education of the Methodist Church, U. S. A. : The Wesley Orders of Common Prayer and Hymns, 1957.

Watson, P. S. : The Message of the Wesleys, London, Epworth Press, 1964.

Wesley, John : Explanatory Notes upon the New Testament, London, Epworth Press, 1950.

Green, Richard : The Works of John and Charles Wesley-A Bibliography, London, C. H. Kelly, 1896.

●その他の原典

Anderson, William, K. ed. : Methodism, New York, The Methodist Publishing House, 1947.

Arnett, William M. : John Wesley—Man of One Book (Ph. D. Dissertation), Madison, N. J., Drew University, 1954.

Baines-Griffiths, D. : Wesley the Anglican, London, Macmillan Co., 1919

Baker, Eric : The Faith of a Methodist, London, Epworth Press, 1958.

: A Herald of the Evangelical Revival—A Critical Inquiry into the Relation of William Law to John Wesley and the Beginning of Methodism, London, Epworth Press, 1948.

Baker, Frank : A Charge to Keep—An Introduction to the People Called Methodists, London, Epworth Press, (no date).

: Methodism and the Love Feast, London, Epworth Press, 1957.

Banks, John : 'Nancy Nancy' —— The Story of Ann Bolton, the Friend and Confidante of John Wesley from her Unpublished Journal and Letters she kept. Leeds. Penwork Ltd., 1984.

Bebb, E. D. : Wesley—A Man with a Concern, London, Epworth Press, 1950.
Bengel, J. A. : Gnomon Novi Testamenti, Editio secunda, 1-11, Tübingen, 1759
Bett, Henry : The Hymns of Methodism, 3rd edition, London, Epworth Press, 1945.
: The Spirit of Methodism, London, Epworth Press, 1943.
Boehmer, P. : Pietismus und Methodismus—Eine Kirchengeschichtliche Studie zum Vergleich beider Richtungen in der Gegenwart (Neue Kirchliche Zeitschrift, 1895).
The Book of Common Prayer, London, Society for Promoting Christian Knowledge.
Bowmer, John C. : The Lord's Supper in Methodism 1791—1960, London, Epworth Press, 1961.
: The Sacrament of the Lord's Supper in Early Methodism, London, Dacre Press, 1951.
Bready, J. Wesley : England Before and After Wesley, New York, Harper & Brothers, 1938.
Burridge, the Rev. A., S. J. : Methodism, Catholic Truth Society, (no date).
Cadman, S. Parkes : The Three Religious Leaders of Oxford and Their Movements—John Wycliffe, John Wesley, John Henry Newman, New York, Macmillan Co., 1916.
Cameron, Richard M. : Methodism and Society in Historical Perspective (Methodism and Society, vol. 1), New York, Abingdon Press, 1961.
Cannon, William R. : The Theology of John Wesley, New York, Abingdon-Cokesbury Press, 1946.
Carter, Henry : The Methodist Heritage, Nashville, Abingdon Press, 1951.
Cell, George : The Rediscovery of John Wesley, New York, Henry Holt & Co., 1935.
Church, Leslie : Knight of the Burning Heart—The Story of John Wesley, London, Epworth Press, 1938.
: The Early Methodist People, New York, Philosophical Library, 1949.
Cox, Leo George : John Wesley's Concept of Perfection, Kansas City, Beacon Hill Press, 1964.
Cragg, Gerald R. : Reason and Authority in the Eighteenth Century, Cambridge, The University Press, 1964.

Craig, Clarence T. : Mature Saints (The Drew Gateway, Autumn, 1951).
Cushman, Robert E. : John Wesley's Experimental Divinity —— Studies in Methodist Doctrinal Standards, Nashville, Kingswood Books. 1989.
Davies, Horton : Worship and Theology in England (From Wesley to Maurice 1690–1850), Princeton, Princeton University Press, 1961.
Davies, Rupert E. : Methodism, Harmondsworth, Penguin Books, 1963.
Davies, R. E. and Rupp, G. ed. : A History of the Methodist Church in Great Britain, vol. 1, London, Epworth Press, 1965.
Dearing, Trevor : Wesley and Tractarian Worship, London, Epworth Press, 1966.
Deschner, John : Wesley's Christology, Dallas, Southern Methodist University Press, 1960.
Doughty, W. L. : John Wesley–Preacher, London, Epworth Press, 1955.
Dimond, S. G. : The Psychology of the Methodist Revival, Oxford, The University Press, 1926.
Eayrs, George : Jonh Wesley–Christian Philosopher and Church Founder, London, Epworth Press, 1926.
Edwards, Clifford W. ed. : Japanese Contributions to the Study of John Wesley (Wesleyan Studies No.3), Georgia, Wesleyan College, 1967.
Edwards, Maldwyn : Family Circle, London, Epworth Press, 1949.
: After Wesley, London, Epworth Press, 1935.
: John Wesley and the Eighteenth Century, London, Epworth Press, 1933.
: Methodism and England, London, Epworth Press, 1943.
: My Dear Sister——The Story of John Wesley and the Women in His Life, Manchester, Penwork Ltd., 1985.
Eicken, E. von : Rechtfertigung und Heiligung bei Wesley, Heidelberg, Theologische Diss., Teildruck, 1934.

Faulkner, John : Wesley as Sociologist, Theologian, Churchman, New York, Methodist Book Concern, 1918.
Fisher, George P. : A History of Christian Doctrine, Edinburgh, T. & T. Clark, 1949.
Flew, R. Newton : The Idea of Perfection in Christian Theology, London, Humphrey Milford, 1934.
Forsyth, Peter Taylor : "Christian Perfection" in *God the Holy Father*, London, Independent Press Ltd., 1957.
Frost, S. B. : Die Autoritätslehre in den Werken John Wesleys, München, Ernest Reinhart, 1938.
Gill, Frederick C. : In the Steps of John Wesley, London, Lutterworth Press, 1962.
Gounelle, Edmond : John Wesley et le Réveill d'un Peuple, Genève, Editions Labor et Fides, 1948.
Green, J. B. : John Wesley and William Law, London, Epworth Press, 1945.
Green, V. H. H. : John Wesley, London, Nelson, 1964.
: The Young Mr. Wesley, London, Edward Arnold Ltd., 1961.
Haddal, Ingvar : John Wesley, London, Epworth Press, 1961.
Harding, F. A. J. : The Social Impact of the Evangelical Revival, London, Epworth Press, 1947.
Harrison, A W. : Arminianism, London, Duckworth Press, 1937.
Hildebrandt, Franz : Christianity according to the Wesleys, London, Epworth Press, 1956.
: From Luther to Wesley, London, Lutterworth Press, 1951.
Hunter, Frederick : John Wesley and the Coming Comprehensive Church, London, Epworth Press, 1968.
Hynson, Leon O. : To Reform the Nation —— Theological Foundations of Wesley's Ethics, Grand Rapids. Francis Asbury Press, 1984.
Kimbrough, Jr., ST & Beckerlegge, Oliver A. ed. : The Unpublished Poetry of Charles Wesley, vol.l, Nashville, Kingswood Books, 1988.
Lang, A, : Puritanismus und Pietismus, Neukirchen, Kreis Moers, 1941.
Lawson, A. B. : John Wesley and the Christian Ministry, London, S. P. C. K., 1963.

Lawson, John : Methodism and Catholicism, London, S. P. C. K., 1954.
: Notes on Wesley's Forty-Four Sermons, London, Epworth Press, 1946.
: Selections from John Wesley's 'Notes on the New Testament', London, Epworth Press, 1955.
Lean, Garth : John Wesley, Anglican, London, Blandford Press, 1964.
Lecky, W. E. H. : A History of England in the Eighteenth Century, 8 vols., London, Longmans, Green & Co., 1878－1900.
Léger, A : La Jeunesse de Wesley, Paris, Libraire Hachette et Cie., 1910
Leliévre, Matthieu : La Théologie de John Wesley, Paris, 1924.
Lerch, David : Heil und Heiligung bei John Wesley, Zürich, Christliche Vereinsbuchhandlung, 1941.
Lezius, Friedrich : Wesleys Perfectionismus und die Otley-Bewegung (Seeberg-Festschrift 11, 1929).
Lidgett, J. Scott and Read, B. H. : Methodism in the Modern World, London, Epworth Press, 1929.
Lindström Harald : Wesley and Sanctification, London, Epworth Press, 1946.
Locke, John : "An Essay Concerning Human Understanding " in *The English Philosophers from Bacon to Mill*, ed. by E. A. Burtt, New York, Modern Library, 1939.
Loofs, Fr. : Methodismus, Artikel in *Realencyklopaedie für protestantische Theologie und Kirche*.
MacArthur, Kathleen W. : The Economic Ethics of John Wesley, New York, Abingdon-Cokesbury Press, 1936.
McConnell, Francis J. : John Wesley, New York, Abingdon-Cokesbury Press, 1939.
Meeks, M. Douglas ed. : The Future of the Methodist Theological Traditions, Nashville, Abingdon Press, 1985.
Monk, Robert C. : John Wesley－His Puritan Heritage, London, Epworth Press, 1956.
Muelder, Walter G. : Methodism and Society in the Twentieth Century (Methodism and Society vol. 2), New York, Abingdon Press, 1961.
Newton, John A, : Susanna Wesley and the Puritan Tradition in Methodism, London, Epworth Press, 1968.

Noro, Yoshio : "The Character of John Wesley's Faith". & "Wesley's Understanding of Christian Perfection" (Wesleyan Studies No.3), Georgia, Wesleyan College, 1967.
: "Wesley's Theological Epistemology"(The Iliff Review). Denvor, Iliff Theological Seminary, 1971.
Oden, Thomas C. ed. : The New Birth—John Wesley, New York, Harper & Row, 1984.
Parris, John R. : John Wesley's Doctrine of the Sacraments, London, Epworth Press, 1963.
Peters, J. L. : Christian Perfection and American Methodism, New York, Abingdon Press, 1956.
Piette, Maximin : La Rêaction Weslêyenne dans l'Évolution Protestante, Paris, Auguste Picard, 1925.
Pike, G. Holden : Wesley and His Preachers, London, T. Fisher Unwin, 1903.
Rack, Henry D. :The Future of John Wesley's Methodism, Richmond, John Knox Press, 1965.
Rattenbury, J. E. : The Conversion of the Wesleys, London, Epworth Press, 1938.
: The Eucharistic Hymns of John and Charles Wesley, London, Epworth Press, 1948.
: The Evangelical Doctrines of Charles Wesley's Hymns, London, Epworth Press, 1941.
: Wesley's Legacy to the World, London, Epworth Press, 1938.
Runyon, Theodore ed. : Wesleyan Theology Today—A Bicentennial Theological Consulation. Nashville, Kingswood Books. 1985.
ed. : Sanctification & Liberation (Liberation Theologies in Light of the Wesleyan Tradition), Nashville, Abingdon Press, 1981.
Sangster, W. E. : The Pure in Heart, London, Epworth Press, 1954.
Schempp, Johannes : Seelsorge und Seelenführung bei John Wesley, Stuttgart, Christliches Verlagshaus, 1949.
Schilling S. Paul : Methodism and Society in Theological Perspective (Methodism and Society, vol. 3), New York, Abingdon Press, 1960.
Schmidt, Martin : Die Bedeutung Luthers für John Wesleys Bekehrung (Jahrbuch der Luthergesellschaft, 1938,

S. 125ff.).

: John Wesleys Bekehrung, Bremen, Verlagshaus des Methodistenkirche, 1938.

: John Wesley, Band I, Frankfurt, Gotthelf-Verlag, 1953 (Eng. trans. by N. P. Goldhawk, London, Epworth Press, 1962).

: John Wesley, Band II , Frankfurt, Gotthelf-Verlag, 1966 (Eng. trans. by N.P. Goldhawk & D. Inman in 2 vols., 1971 & 1972).

: Der Junge Wesley als Heidenmissionar und Missionstheologie, Gütersloh, C. Bertelsmann Verlag, 1955 (Eng. trans. "The Young Wesley"by L. A. Fletcher, London, Epworh Press, 1958).

Scott, P. : John Wesleys Lehre von der Heiligung, Berlin, Alfred Töpelmann, 1939.

Scotts, H. E. and Deats, P. : Methodism and Society—Guidelines for Strategy(Methodism and Society vol. 4), New York, Abingdon Press, 1962.

Simon, John S. : John Wesley and Religious Societies, London, Epworth Press, 1921.

: John Wesley and the Methodist Societies, London, Epworth Press, 1923.

: John Wesley and the Advance of Methodism, London, Epworth Press, 1925.

: John Wesley the Master Builder, London, Epworth Press, 1927.

: John Wesley the Last Phase, London, Epworth Press, 1934.

Simpson, W. J. S. : John Wesley and the Church of England, London, S. P. C. K., 1934.

Sommer, J. W. E. : Die Christliche Erfahrung im Methodismus, Zürich, Christliche Vereinsbuchhandlung (Methodismus in Dokumenten, Heft 2).

:John Wesley und die Soziale Frage, Bremen, Verlagshaus der Methodistenkirche, 1930.

Starkey, Lycurgus M. : The Work of the Holy Spirit—A Study in Wesleyan Theology, New York, Abingdon Press, 1962.

Stevens, Abel : The History of the Religious Movement of the Eighteenth Century Called Methodism, 3 vols., New York, Carlton & Porter, 1858.

Sykes, Norman : Church and State in England in the Eighteenth Century, Cambridge, The University Press, 1934.

Telford, John : The Life of John Wesley, New York, Eaton & Mains, 1898.

Todd, John M. : John Wesley and the Catholic Church, London, Hodder and Stoughton, 1958.

Toland, John : Christianity Not Mysterious (reprint), Stuttgart, Friedrich Frommann Verlag, 1964.

: Letters to Serena (reprint), Stuttgart, Friedrich Frommann Verlag, 1964.

Toplady, Augustus Montague : A Letter to the Reverend Mr. John Wesley Relative to His Pretended Abridgment of Zauchius on Predestination (Printed for J. Gurney 1770).

: More Work for Mr. John Wesley—or A Vindication of the Decrees and Providence of God from the Defamations of a Late Printed Paper, entitled The Consequence Proved, London, Printed for J. Matthews, 1772.

: The Scheme of Christian and Philosophical Necessity Asserted in Opposition to Mr. John Wesley's Tract on That Subject, London, 1775.

Towlson, Clifford W. : Moravian and Methodist, London, Epworth Press, 1957.

Turner, George A. : The More Excellent Way, Indiana, Light and Life Press, 1952.

Tyerman, L. : The Life and Times of the Rev. John Wesley, M. A., 3 vols., London, Hodder & Stoughton, 1890.

Watkin-Johnes, Howard : The Holy Spirit from Arminius to Wesley, London, Epworth Press, 1929.

: Two Oxford Movements—Wesley and Newman (The Hibbert Journal, October, 1932).

Wearmouth, Robert F. : Methodism and the Working Class Movement of England 1800—1850, London, Epworth Press, 1937.

Weber, Max : The Protestant Ethic and the Spirit of Capitalism, trans. by T. Parson, New York, Charles Scribner's Sons, 1930.

Weinlick, John R. : Count Zinzendorf, New York, Abingdon Press, 1956.

Whitney, A. P. : The Basis of Opposition to Methodism in England in the Eighteenth Century, New York, New York University, 1951.

Williams, Colin W. : John Wesley's Theology Today, New York, Abingdon Press, 1960.

Woodard, Max : One at London (The Story of Wesley's Chapel), London, Epworth Press, 1966.

Yates, A. S. : The Doctrine of Assurance, London, Epworth Press, 1952.

付　記

「英国ウェスレー協会」（The Wesley Historical Society）は一八九三年に創立されたウェスレー研究の団体であり、そこより多くのすぐれた論文を載せている『紀要』（Proceedings of the Wesley Historical Society）が数多く出版されているが、この拙著（一八二頁参照）にも二論文を引用している。

さくいん

【人名】

【事　項】

【書　名】

ウェスレー■人と思想95　　定価はカバーに表示

1991年1月10日　第1刷発行©
1995年8月10日　第2刷発行©
2015年9月10日　新装版第1刷発行©

・著　者　……………………野呂《のろ》　芳男《よしお》
・発行者　……………………渡部　哲治
・印刷所　……………………広研印刷株式会社
・発行所　……………………株式会社　清水書院

〒102-0072　東京都千代田区飯田橋3-11-6
Tel・03(5213)7151～7
振替口座・00130-3-5283
http://www.shimizushoin.co.jp

検印省略
落丁本・乱丁本はおとりかえします。

Century Books

Printed in Japan
ISBN978-4-389-42095-6

Century Books

清水書院の〝センチュリーブックス〟発刊のことば

近年の科学技術の発達は、まことに目覚ましいものがあります。月世界への旅行も、近い将来のこととして、夢ではなくなりました。しかし、一方、人間性は疎外され、文化も、商品化されようとしていることも、否定できません。

いま、人間性の回復をはかり、先人の遺した偉大な文化を継承して、高貴な精神の城を守り、明日への創造に資することは、今世紀に生きる私たちの、重大な責務であると信じます。

私たちがここに、「センチュリーブックス」を刊行いたしますのは、人間形成期にある学生・生徒の諸君、職場にある若い世代に精神の糧を提供し、この責任の一端を果したいためであります。

ここに読者諸氏の豊かな人間性を讃えつつご愛読を願います。

一九六七年

SHIMIZU SHOIN

【人と思想】 既刊本

老子	高橋 進
孔子	内野熊一郎他
ソクラテス	中野幸次
釈迦	副島正光
プラトン	中野幸次
アリストテレス	堀田 彰
イエス	八木誠一
親鸞	古田武彦
ルター	小牧 治 泉谷周三郎
カルヴァン	渡辺信夫
デカルト	伊藤勝彦
パスカル	小松摂郎
ロック	浜林正夫他
ルソー	中里良二
カント	小牧 治
ベンサム	山田英世
ヘーゲル	澤田 章
J・S・ミル	菊川忠夫
キルケゴール	工藤綏夫
マルクス	小牧 治
福沢諭吉	鹿野政直
ニーチェ	工藤綏夫
J・デューイ	山田英世
フロイト	鈴村金彌
内村鑑三	関根正雄
ロマン＝ロラン	村上嘉隆 村上益子
孫文	横山 英 中山義弘
ガンジー	坂本徳松
レーニン	中野徹三 高岡健次郎
ラッセル	金子光男
シュバイツァー	泉谷周三郎
ネルー	中村平治
毛沢東	宇野重昭
サルトル	村上嘉隆
ハイデッガー	新井恵雄
ヤスパース	宇都宮芳明
孟子	加賀栄治
荘子	鈴木修次
アウグスティヌス	宮谷宣史
トーマス・マン	村田經和
シラー	内藤克彦
道元	山折哲雄
ベーコン	石井栄一
マザーテレサ	和田町子
中江藤樹	渡部 武
ブルトマン	笠井恵二
本居宣長	本山幸彦
佐久間象山	奈良本辰也 左方郁子
ホッブズ	田中 浩
田中正造	布川清司
幸徳秋水	絲屋寿雄
スタンダール	鈴木昭一郎
和辻哲郎	小牧 治
マキアヴェリ	西村貞二
河上肇	山田 洸
アルチュセール	今村仁司
杜甫	鈴木修次
スピノザ	工藤喜作
ユング	林 道義
フロム	安田一郎
マイネッケ	西村貞二
エラスムス	斎藤美洲
パウロ	八木誠一
ブレヒト	岩淵達治
ダンテ	野上素一
ダーウィン	江上生子
ゲーテ	星野慎一
ヴィクトル＝ユゴー	辻 昶 丸岡高弘
トインビー	吉沢五郎
フォイエルバッハ	宇都宮芳明

ラス＝カサス	染田　秀藤
吉田松陰	高橋　文博
パステルナーク	前木　祥子
パース	岡田　雅勝
南極のスコット	中田　修
アドルノ	小牧　治
良寛	山崎　昇
グーテンベルク	戸叶　勝也
ハイネ	一條　正雄
トマス＝ハーディ	倉持　三郎
古代イスラエルの預言者たち	木田　献一
シオドア＝ドライサー	岩元　巌
ナイチンゲール	小玉香津子
ザビエル	尾原　悟
ラーマクリシュナ	堀内みどり
フーコー	今村　仁司 栗原　仁
トニ＝モリスン	吉田　廸子
悲劇と福音	佐藤　研
リルケ	星野　慎一 小磯　仁
トルストイ	八島　雅彦
ミリンダ王	森　祖道 浪花　宣明
フレーベル	小笠原道雄

ヴェーダからウパニシャッドへ	針貝　邦生
ベルイマン	小松　弘
アルベール＝カミュ	井上　正
バルザック	高山　鉄男
モンテーニュ	大久保康明
ミュッセ	野内　良三
ヘルダリーン	小磯　仁
チェスタトン	山形　和美
キケロー	角田　幸彦
紫式部	沢田　正子
デリダ	上利　博規
ハーバーマス	小牧　治 村上　隆夫
三木清	永野　基綱
グロティウス	柳原　正治
シャンカラ	島　岩
ハンナ＝アーレント	太田　哲男
ミダース王	西澤　龍生
ビスマルク	加納　邦光
オパーリン	江上　生子
アッシジのフランチェスコ	川下　勝
スタール夫人	佐藤　夏生
セネカ	角田　幸彦

ペテロ	川島　貞雄
ジョン・スタインベック	中山喜代市
漢の武帝	永田　英正
アンデルセン	安達　忠夫
ライプニッツ	酒井　潔
アメリゴ＝ヴェスプッチ	篠原　愛人
陸奥宗光	安岡　昭男